Anke Radtke

Rottaler Bäderdreieck

Mit Beiträgen von

Georg Baumgartner

Josef Mayerhofer

Stefan Rammer

Alfons Sittinger

Kiebitz Buch

ROTTALER LAND UND LEUTE

DAS BÄDERDREIECK

Der Fluss, der dem Bäderdreieck seinen Namen gab: die natürliche Flusslandschaft der Rott.

DIE FERIENREGION ERKUNDEN: SEHENSWÜRDIGKEITEN VON A BIS Z

AUSFLÜGE

DIE AUTORIN

Anke Radtke stammt aus Schleswig und lebt seit 1978 als freie Journalistin und Fotografin in Südostbayern. Neun Jahre war sie Kreisredakteurin im Landkreis Rottal-Inn. Für diesen Führer bereiste sie die Ferienregion Bäderdreieck bis ins Passauer Land und nach Oberösterreich, sammelte ein Jahr lang Daten, fotografierte viele Filme voll und bereitete Insider-Wissen auf für alle, die das Bäderland kennenlernen und auf eigene Faust erkunden wollen.

Bauernland mit Kultur: Schrank von 1826 aus dem unteren Rottal mit bemalten Türfeldern.

Wo so viele Fesselballons gleichzeitig in die Luft gehen, da muss etwas los sein. Rechts unten Bad Griesbach-Therme.

Eine Ferienregion stellt sich vor

Bei klarem Wetter sind im Norden die Höhenzüge des Bayerischen Waldes zu erkennen, den südlichen Horizont bildet die Alpenkette. Im südostbayerischen Grenzwinkel südlich von Passau, dem Hügelland zwischen Donau und Inn hat sich innerhalb weniger Jahrzehnte eine neue Ferienregion entwickelt, die alljährlich Hunderttausende von Menschen besuchen, um gesund und fit zu werden und sich zu erholen: das Rottaler Bäderdreieck.
Zuerst sprudelten die Thermalquellen mit dem heilkräftigen Wasser in Füssing (um 1950), ab 1973 in Griesbach und Birnbach. Regionale Zweckverbände wurden gebildet, die zusammen mit einzelnen Unternehmen Milliarden in den Aufbau der Infrastruktur für moderne Kurbäder investiert haben: Hotels, Pensionen und Restaurants aller Kategorien wurden gebaut, Straßen, Kurparks angelegt, neue Ortszentren gestaltet, Tausende von neuen Arbeitsplätzen geschaffen. Eine Region fernab von Industrie- und städtischen Ballungsgebieten, die als strukturschwach galt und der die

Sanftes Rottaler Hügelland. Seine Anmut und Harmonie verhalfen ihm zu dem Prädikat »busige Landschaft«.

Niederbayerischer Vierseithof. Die Bäderarchitektur variiert vielfach diesen Grundtypus.

Menschen den Rücken kehrten, weil sie keine Einkommenschancen sahen, hat durch den Bädertourismus Perspektiven gewonnen. Im Rottaler Bäderdreieck ist eine der modernsten und bedeutendsten Thermallandschaften Europas herangewachsen.

Heiße Quellen im grünen Land

Die Heilkraft der Thermalquellen ist die Basis des Erfolgs der drei Bäder. Bad Füssing stieg zum großen Kurort auf wegen der Heilerfolge vor allem bei Gelenkleiden und rheumatischen Krankheitsformen, die nicht selten zur Frühinvalidität führen.
Neben dem natürlichen Kapital des Heilwassers, dem »flüssigen Gold« aus etwa 1600 m Tiefe, verfügt das Rottal über ein anderes Kapital, das für seinen Erfolg immer wichtiger wird: die bäuerlich gepflegte Kulturlandschaft. Die meisten Rottaler Feriengäste gehen auf Erkundungsfahrten rund um die Thermalbäder und sehen sich eingebettet in die beruhigende Ausstrahlung der Natur. Der Wechsel von Äckern, Wiesen und Wäldern im Zusammenspiel mit der hügeligen Formation rechts und links des Flusslaufes der Rott ergeben zusammen die Harmonie und Anmut, die einen Münchner Autor zu dem Prädikat »busige Landschaft« für das Rottal inspirierten.

Kunstreiches Bauernland

Wer die Sehenswürdigkeiten des Rottals erkundet, wird immer wieder auf italienische Namen stoßen. Im 17. und 18. Jh. hatten die Passauer Fürstbischöfe große italienische Baumeister und die besten Künstler ihrer Zeit ins Land geholt, die mit dem Dom St. Stephan einen barocken Kirchenbau von europäischem Rang schufen. Diese Baumeister und Künstler wirkten auch in vielen Wallfahrtsorten und Klöstern im Rottal. Dasselbe gilt für die Brüder Asam, Wenzel Jorhan aus Griesbach, Joseph Deutschmann, Johann Baptist Modler und andere große deutsche Künstler, deren Werke im Rottal zu sehen sind.
Eine künstlerische Blütezeit erlebte das Rottal schon in der Zeit der Spätgotik um 1480 bis 1520 in der

Zeit der Landshuter »Reichen Herzöge«. Die Feriengäste im Rottaler Bäderdreieck entdecken aus dieser Zeit sakrale Kostbarkeiten selbst im kleinsten Dorf, die Schlösser, Burgen und Klöster eines traditionell kunstreichen Landes. Ein gut gefüllter Festkalender lädt zu Schloss- und Kirchenkonzerten – teils im Rahmen der Passauer Europäischen Wochen – zum Ritterspiel und dörflichen Volksfesten und Märkten.

Die Kirche im Dorf lassen

Im Rottal hat man die Fehler vieler Ferienregionen vermieden, die auf Wachstum um jeden Preis setzten und das Kapital schöne Landschaft verspielten. Man erntet heute die Früchte einer weitsichtigen Planung der Bäder und touristischen Einrichtungen. Sie nahm auf die bestehenden Strukturen, das natürliche und kulturelle Erbe Rücksicht und sicherte so die reizvolle Landschaft. Die Zweckverbände, die vor der Aufgabe standen, Kurbad-Einrichtungen aus dem Boden zu stampfen, kauften als erstes Grundstücke auf, um sie der Bodenspekulation zu entziehen und private Investitionen mit der Gesamtplanung zu vereinbaren. Keine lärmende Gastlichkeit kam auf, die Goldgräberstimmung blieb gedämpft. In der Bäderarchitektur wurde an den in den Streusiedlungen des Rottals vorherrschenden Grund-

Viele Feste rund ums Jahr bereichern den Aufenthalt im Bäderdreieck. Szene vom letzten Mittelalterfest in Ortenburg.

typus des Vierseithofes angeknüpft, der abwechslungsreich variiert wurde. In Bad Birnbach übernahm man für die Badeanlagen und die Hotel- und Pensionsbauten nicht nur die zweistöckige Bauweise, sondern auch Details wie Dachüberstände, Balkongeländer und Fensterläden sowie die großzügige innere Struktur.

Vom Bauern frisch auf den Tisch

Das Rottal ist ein traditionelles Bauernland. Mit dem Festhalten am ländlichen Charakter verbindet man im Bäderdreieck denn auch die aktive Rolle, die die Landwirtschaft für den Tourismus spielen soll. Es fing hier schon früh an mit dem Urlaub auf dem Bauernhof. Inzwischen sind es viele lebendige und existenzfähige, spezialisierte, teils modern umgebaute bäuerliche Betriebe, die in dieser naturverbundenen Urlaubsform den Ton angeben. Der Öko-Landbau ist im Kommen, einige Hotels und Restaurants haben sich schon umgestellt. Die Mehrzahl der Gäste legt Wert auf die regionaltypischen Spezialitäten der Küche: Was liegt näher als dass sich die Wirte dieser Spezialitäten besinnen und was sie dazu benötigen, beim Bauern in der Umgebung kaufen? Mehrere Zusammenschlüsse folgen dem Motto »Vom Rottaler Bauernhof frisch auf den Tisch«. Die Tradition, dass für die bayerische Küche auch bayerische Produkte vom Bauern nebenan verwendet werden, lebt auf.

Attraktiv die Freizeit gestalten

Im Bäderdreieck wurden neue Wege für traditionelle Kurbäder entwickelt. Man pflegt zwar die Kurangebote weiter, spricht aber auch all jene an, die sich nach dem Motto »Gesund bleiben und fit werden« im Urlaub sportlich betätigen und regenerieren wollen. Bad Griesbach ist Deutschlands Golf Resort Nr. 1. Auf vier 18-Loch-Plätzen und anderen Anlagen mit Golfschule und Golfodrom wirkt eine internationale Crew von über 30 Golflehrern. Auch im Winter wird gespielt. 6,2 Mio m^2 für den Golfsport, das ist in Europa ohne Beispiel. Urlaub rund ums Jahr wird Wirklichkeit: Im warmen Wasser sich zu aalen, während ringsum die Hänge mit Schnee bedeckt sind, ist schon ein Erlebnis. Fitnessangebote, Spezialmassagen etc. bedienen neue Trends. Jeder fünfte Gast von Bad Birnbach kommt zur Kur, die anderen wollen Entspannung und nehmen die attraktiven Wellness-Angebote wahr.

Der Führer von Anke Radtke möge Ihnen zu vielen schönen Erlebnissen und interessanten Begegnungen in der Ferienregion Rottaler Bäderdreieck verhelfen.

Der Herausgeber

Heiße Quellen im grünen Land

Der tiefere Untergrund des Rottals

Schwefelhaltiges Wasser wurde schon in früheren Zeiten auf dem Gebiet des heutigen Bäderdreiecks zutage gefördert. Die Erdölbohrungen bei Füssing 1937/38 gewährten Einblick in den tieferen Untergrund des Rottals. Warum sprudeln hier die heißen Quellen?

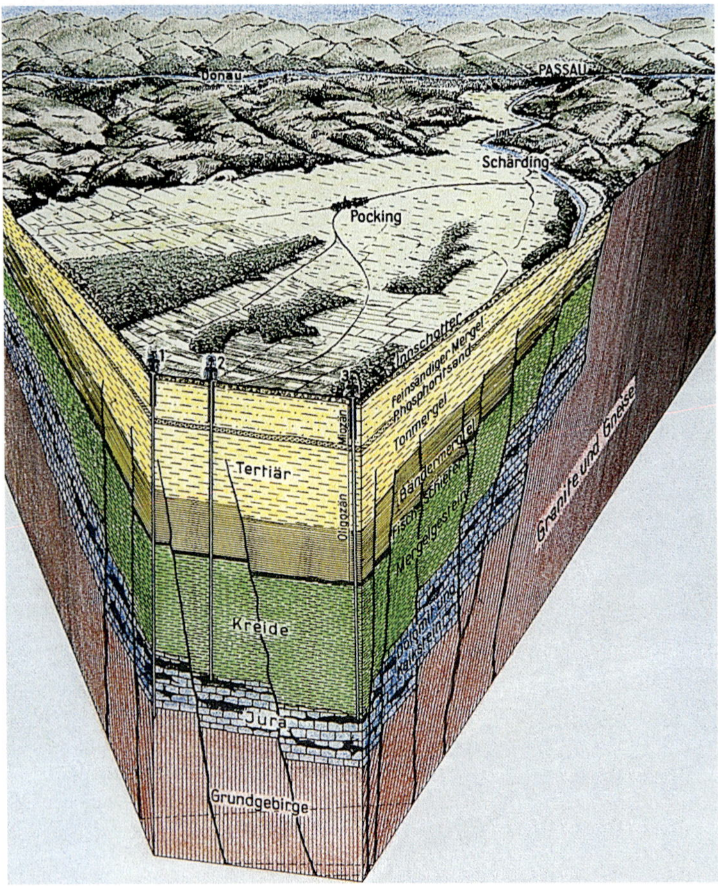

Seit jeher ist Niederbayern ein Land der Heilquellen und Bäder gewesen. An mehreren Orten nutzten schon die Römer die Schwefelwasserquellen zu Bädern und Kuren. Unter der Kirche von Bad Gögging bei Regensburg hat man die Reste eines römischen Heilbades ausgegraben. Es wurde von den Legionären mehrerer Römer-Kastelle im Süden von Regensburg genutzt. In Künzing zwischen Osterhofen und Vilshofen wurde jüngst von Archäologen eine weitere römische Badeanlage entdeckt.

Vorläufer Bad Höhenstadt

In Bad Höhenstadt in der Nähe von Fürstenzell treten Methangase in Blasen aus dem Sumpf. Auch etwas Schwefel und andere Stoffe sind in diesen Moorquellen gelöst. Um 1720 richteten die Zisterzienser von Fürstenzell in Höhenstadt einen therapeutischen Badebetrieb mit einem Badehaus ein. Im 19. Jahrhundert war Höhenstadt der bekannteste Badeort in Bayern. König Ludwig I. weilte dort zur Kur und beauftragte seinen Hofarchitekten Leo von Klenze mit dem Bau eines Kurhauses.

← *Die Erdöl- und Thermalwasserbohrungen im Jahr 1938 bei Füssing gewährten Einblick in den tieferen Untergrund des Rottals. Zu den Farben des Tafelbildes: Rot = Grundgebirge, blau = Jurakalk mit Thermalwasserkavernen, gelb = Tertiärsedimente.*

Historische Zufälle

Im Juni 1938 teilte die bayerische Mineralöl-Industrie-AG dem Bezirksamt Griesbach mit, dass bei der Erdölbohrung Füssing in 927 m Tiefe eine Mineralquelle erschlossen worden sei. Der Griesbacher Landrat erwiderte, dass seitens des Landkreises keine Bedenken bestünden, die Quelle in Bad Füssing wieder zuzuschütten. Wohl durch den Beginn des Zweiten Weltkriegs wurde dieses Vorhaben verhindert. Die »Therme Füssing I«, die am Beginn der Erfolgsgeschichte des Rottaler Bäderdreiecks steht, überdauerte so mit verschlossenem Bohrkopf den Krieg und wurde erst in den 1950er Jahren erschlossen.

Erdölbohrungen

Es ist daher kein Zufall, dass 1937/38 Geologen des Reichsbodenforschungsamtes, die den Auftrag erhielten, das Dritte Reich auf dem Energiesektor autark zu machen, im Rottal und am unteren Inn nach Erdöl bohrten. Die Schwefel- und Methangasblasen im Wasser nährten die Hoffnung, unter der Erde Niederbayerns das »flüssige Gold« aufzuspüren. Statt dessen stieß man in Füssing in 1000 m Tiefe auf eine 56 Grad heiße Thermalquelle mit einer Ergiebigkeit von 3000 Litern pro Minute. Der Wert des heißen Was-

Paracelsus über das Geheimnis der Heilquellen

»In den Wässern sind alle Tugenden, welche die Kräuter und Steine liefern, enthalten. Jedes Ding der Natur kann in seinen Früchten erkannt werden. So sind die Wirkungen der Bäder Früchte der Natur, und wie die Bäume ihre Äste gegen den Himmel treiben, so dringt das Wasser aus dem Erdinnern an die Oberfläche.«
Paracelsus (1493-1541), Arzt und Naturforscher, der die vorbeugende und heilende Wirkung einer naturgemäßen Lebensweise betonte.

sers wurde damals nicht erkannt, doch brachten die Bohrungen im bayerischen Innviertel wichtige Aufschlüsse über den Untergrund des Rottals. Die Ergebnisse sind in der Geologica Bavarica, herausgegeben vom Bayerischen Geologischen Landesamt, dokumentiert.

Hohlräume in Jurakalkschichten

Warum sprudeln gerade im Rottal und im Bereich des unteren Inn heiße Quellen aus der Erde? Lange bevor durch das Aufeinanderprallen der asiatischen und der afrikanischen Kontinentalplatte die Alpen aufgefaltet wurden, erhob sich im Nordosten das Bayerisch-Böhmische Gebirge. Vor rund 190 Millionen Jahren brandete von Osten her ein Meer an die Ufer der böhmischen Halbinsel. Südlich davon, im Raum des heutigen Niederbayern, wurde eine Unmenge von Muschelschalen am Meeresboden abgelagert, Sedimente, die sich zu mächtigen Jurakalkschichten verfestigten. Als im Verlauf der weiteren erdgeschichtlichen Ereignisse der Meeresboden wieder trockenfiel, verkarstete die Oberfläche und es bildeten sich weitläufige Spalten- und Hohlraumsysteme. Vor etwa 100 Millionen Jahren stieß das Binnenmeer abermals bis in unsere Gegend vor, füllte die Hohlräume des Jura, die Kavernen und Spalten, und bedeckte sie mit mächtigen Kreideablagerungen. Unaufhörlich versickerten ganze Gießbäche in den porösen Untergrund, wuschen immer neue Kammern aus und ließen unterirdische Hallen und Felsdome entstehen. Das in die Tiefe dringende Wasser löste Minerale und Kristalle, saugte Schwefel aus den Resten vulkanischer Eruptionen auf und bildete Tropfsteinhöhlen und Katarakte.
In den 430 bis 1620 m tief liegenden Jurahöhlen lagert dieses alte, durch die Wärme des Erdinnern aufgeheizte Wasser unter hohem Druck und wartete nur darauf, bis ihm Bohrungen einen Weg bahnten, damit es als Therme wie ein artesischer Brunnen an die Oberfläche schießen konnte. Die Erde

ist im Inneren glühend heiß, pro 100 m Tiefe steigt die Temperatur um 3 Grad Celsius.

Hoher Mineralgehalt des Tiefenwassers

Das Tiefenwasser sprudelt daher mit 30 bis 70 Grad an die Erdoberfläche. Wasseruntersuchungen des Instituts für medizinische Balneologie der Universität München im Jahre 1953 ergaben einen hohen Mineralgehalt dieses Tiefenwassers. Im Laufe von Jahrmillionen hatte das Wasser genug Zeit, viele Mineralien aus den Gesteinsschichten herauszulösen. Ein Liter aus der Chrysantiquelle in Bad Birnbach enthält z.B. 431 mg Natrium, 30 mg Metakieselsäure, 26 mg Kalium, 7 mg Calcium, 1,2 mg Magnesium, 0,5 mg Schwefel und 0,02 mg Mangan. Auf Grund der Zusammensetzung der gelösten Mineralstoffe zählt die Quelle zum Typ der »Natrium-Hydrogencarbonat-Chlorid-Mineralwasser«. Die medizinische Anwendbarkeit des Mineralwassers war belegt. Unweit der Stadt Griesbach wurde 1973 in 1522 m Tiefe eine Thermalquelle erschlossen, und ebenfalls seit 1973 sprudelt auch in Birnbach das heilsame Wasser 70 Grad heiß aus einer Tiefe von 1618 m. Die mineralische Qualität aller Quellen der drei Badeorte ist vergleichbar, das Wasser in Füssing ist etwas schwefelhaltiger. Einzelanalysen der Quellen liefern die bei den Kurverwaltungen erhältlichen Broschüren der drei Kurbäder.

In den tiefen Spalten und Kavernen des Jurakalks ist das Wasser gespeichert, das aus einer Tiefe von 700 bis 1600 m in die Becken der Thermalbäder sprudelt.

Landwirtschaft und Hightech

Das Rottaler Bäderdreieck reicht in zwei Landkreise hinein: Bad Griesbach und Bad Füssing gehören zum Kreis Passauer Land mit der kreisfreien Stadt Passau, zusammen 1600 km^2 und 235 000 Einwohner, Bad Birnbach zum Landkreis Rottal-Inn mit 1280 km^2 und 117 000 Einwohnern. Durch Jahrhunderte, bis 1779, war auch das österreichische Innviertel bayerisch. Im Rahmen der Europäischen Union sind die Grenzen wieder offen.

Wer erinnert sich nicht an Anna Wimschneiders Schilderungen der Härte des Landlebens im Rottal in ihren Erinnerungen »Herbstmilch«, einem der größten deutschen Bucherfolge der Nachkriegszeit? Annas Welt, das war das Rottal vor 60 Jahren: eine dünn besiedelte, strukturschwache bäuerliche Region, die unter Bevölkerungsschwund litt und nur wenige Arbeitsplätze bot. Versuche, in diesem südostbayerischen Grenzwinkel Großbetriebe anzusiedeln, sind vor allem an der ungünstigen Verkehrslage und der Standortferne zu den Industriezentren gescheitert. Die großen Transitstrecken verlaufen anderswo. Im Landkreis Rottal-Inn ist daher die Zahl der Auspendler ins Chemiedreieck Burghausen/Oberbayern und zum BMW-

Sandra Wimmer, bayerische Milchkönigin von 2000, stammt wie der Präsident des Deutschen Bauernverbandes, Gerd Sonnleitner (rechts) von einem Rottaler Hof.

Werk Dingolfing hoch. Andererseits bieten etwa Ruhstorf oder der Markt Arnstorf Tausende von Arbeitsplätzen, so dass hier die Einpendler überwiegen. Typisch für das Rottal sind charaktervolle, florierende Mittelzentren wie Eggenfelden, Pfarrkirchen, Pocking, Simbach am Inn mit ihren sanierten Ortskernen, einer hervorragenden Infrastruktur und einem umfassendem Schulen- und Ausbildungsangebot.

Landwirtschaftlich strukturiert

Das Rottal ist also keine weltenferne rückständige Idylle, auch wenn das Gebiet des heutigen Bäderdreiecks noch immer vorwiegend landwirtschaftlich strukturiert ist. Kleine und mittlere Höfe bestimmen das Bild, die teilweise nur noch im Nebenerwerb bewirtschaftet werden. Die Südfleisch GmbH in Pfarrkirchen hat mit 10 000 genossenschaftlich verbundenen Landwirten Lieferverträge abgeschlossen und versorgt den internationalen Markt bis nach Japan mit Delikatessen vom Cocktailwürstchen bis zum kleinen Menü. Mit heimischen Landwirten zusammen arbeiten auch die Firmen Innstolz-Käsewerk und Rottaler Fruchtsäfte (Bayerns größter Fruchtsafthersteller), beide mit Sitz in Rotthalmünster.
Durch Vermietung an Kurgäste und die Direktvermarktung eigener Erzeugnisse (s.u.) haben sich viele Familien auf dem Land neue Einnahmequellen geschaffen.
Die Strukturpolitik der bayerischen Staatsregierung hatte vor allem in den siebziger Jahren den Ausbau der Infrastruktur in der Grenzregion gefördert, um die Kluft zwischen städtischen Wirtschaftsregionen und ländlichen Gebieten zu verringern. Davon profitierte auch der rasche Ausbau der drei Heilbäder, die imponierende Zahlen schreiben: Bad Füssing kommt heute auf knapp drei Millionen Übernachtungen pro Jahr, Bad Griesbach auf 1,15 Millionen, Bad Birnbach als jüngste Gründung auf zuletzt 931 000. In den Bädern sind jeweils bis zu 5000 Arbeitsplätze im Kur- und Dienstleistungsbereich geschaffen worden. Zwischen Griesbach und Birnbach liegt Europas größtes zusammenhängendes Golfzentrum mit Golfakademie.
Gerade kleine und mittlere Betriebe aus Handwerk und Industrie wirtschaften flexibel und innovativ und können sich in Wachstumsbranchen mit neuen Produkten behaupten. Entwicklungen im Bereich der Isolier- und Umwelttechnik gehören ebenso dazu wie Erfolge im Fertigbau und in der Anlagentechnik. Viele Rottaler Mittelstandsbetriebe sind auf den internationalen Märkten vertreten und unterhalten Niederlassungen in Ländern West- und Osteuropas sowie in Übersee.

Zukunftsweisende Projekte

Die Städte Simbach (bayerische Innseite) und Braunau (Österreich), zusammen knapp 30 000 Einwohner, realisieren mit EU-Förderung und Mitteln Bayerns wie des Landes Oberösterreich, des Landkreises Rottal-Inn und von Fernwärme-Unternehmen die so genannte »Erdwärme« oder Geothermie als umweltfreundliche Energie. Sehr viel tiefer als für die Thermalbäder, nämlich etwa 2000 m, wurde von Simbach aus unter dem Inn hindurch eine Bohrung niedergebracht. Mit 80 Grad brodelt das heiße Wasser an die Oberfläche, wo es über einen Wärmetauscher geführt wird, der Energie für ein Fernwärmenetz abgibt. Ohne Verunreinigung wird es in einer zweiten Bohrung, etwas entfernt von der ersten, in die Tiefe zurück gepresst. Der Vorteil ist ein zweifacher: das heiße Erdinnere heizt das Wasser immer wieder auf. Und im Endausbau kann die Umweltbelastung durch Kohlendioxid, Schwefeldioxid und Stickoxide erheblich gesenkt werden.

Als ein Milleniumsprojekt auf der EXPO Hannover gilt die dezentrale Biomüll-Aufbereitung und -Wiederverwertung, entwickelt im Landkreis Rottal-Inn. Interesse besteht weltweit, besonders aus Ländern mit hohem Müllaufkommen, in Fernost zum Beispiel. Der getrennt in Tonnen gesammelte Biomüll wird von Landwirten in Vergärungsanlagen mit Gülle ver-

Das Projekt »Rottaler Holzhaus« – hier ein Musterhaus bei Pfarrkirchen – fördert Waldbauern und heimisches Handwerk.

mischt. In Blockheizkraftwerken entsteht aus dem Gas Strom, der ins Netz eingespeist wird. Das Heizkraftwerk wird in Kombination mit Öl aus Raps betrieben, der auf den eigenen Feldern angebaut werden kann und mit dem Endsubstrat der Vergärung zu Dünger wird. Ein Kreislauf sinnvoller Biomüll-Verwertung also, der gleichzeitig Energie liefert.

Ökologisch wirtschaften

Weitere staatlich geförderte Projekte aus der Region sind das »Rottaler Holzhaus«, ein wohngesundes, umweltfreundliches Niedrigenergie-Haus, das dem Häuslebauer wie auch dem Waldbauern und heimischen Handwerk zugute kommt. Die Zimmerleute variieren das Modell in Abstimmung mit Kundenwünschen.

Die »Rottaler Sonnenwende« erarbeitete gemeinsam mit heimischen Anbietern eine Umstellung auf Solarenergie für den Warmwasserbedarf zu einem vertretbaren Preis bei guter Qualität. Die Nachfrage ist erfreulich hoch.

Manche Naturschutzprojekte verbinden die Angebote des sanften Tourismus mit der Rückführung flussnaher Gebiete in Naturlandschaften. Dies geschieht im Rahmen des EU-geförderten Life-Projekts im Inntal und am Rottauensee. Es entstehen neue Lebensräume für Wiesenbrüter. Dem Spaziergänger bietet die natürliche Seenlandschaft mehr Abwechslung fürs Auge.

Gewerbepark in Eggenfelden. Junge, initiativreiche Firmen haben hier ihren Sitz. Der 1988 gegründeten KMP Print-Technik AG wurde für das Toner- und Inktur-Recycling der bayerische Umweltpreis verliehen.

1994 wurde im Landratsamt Rottal-Inn die Management-Struktur des TWiSt-Büros eingerichtet. TWiSt ist Ansprechpartner für alle Fragen im Bereich Tourismus, Wirtschaft, Struktur und Kultur.

Im Rahmen einer Untersuchung der Univ. Kaiserslautern im Auftrag des Freistaats Bayern wurde TwiSt 1999 als beispielhaft beurteilt, nicht zuletzt, weil durch die Projekte Arbeitsplätze gesichert und neue geschaffen wurden.

Plinganser-Produkte: Natürlich genießen

»Plinganser« ist die Marke für kontrolliert naturbelassene und gesunde Lebensmittel aus dem Landkreis Rottal-Inn und einiger Nachbargemeinden des Landkreises Passau. Der Autor Alfons Sittinger ist Mitinitiator des Projekts im Landratsamt Rottal-Inn in Pfarrkirchen.

Biolandwirte, Müller, Bäcker, Metzger, Wirte, Moster, Imker und Schnapsbrenner haben sich zusammengefunden, um gesundheitsbewussten Genießern unverfälschte Erzeugnisse aus heimischer Herkunft anzubieten. Der Namenspate Georg Sebastian Plinganser führte im 18. Jh. die Rottaler Bauern gegen die österreichischen Besatzer an. Mit ebensolcher Überzeugung stehen heute die Partner der Regionalinitiative unter seinem Namen ein für den unverfälschten und natürlichen Genuss und den Erhalt einer kleinbäuerlichen Kulturlandschaft, die die Rottaler Heimat seit Jahrhunderten prägt.

Artgerechte Tierhaltung

Die Plinganser-Landwirte haben sich aus Überzeugung zur artgerechten Tierhaltung verpflichtet. Das Futter stammt überwiegend aus dem eigenen Betrieb. Importfuttermittel, Tiermehl, wachstumsfördernde Medikamente wer-

Sechs Rottaler Brauereien haben gemeinsam das dunkelfarbene Plinganser-Bier entwickelt. Sie verwendeten dabei Produkte der ökologischen Landwirtschaft.

den genauso abgelehnt wie Pflanzenschutzmittel oder chemischer Dünger auf den Feldern und Weiden. Regelmäßige Kontrollen durch anerkannte Prüfinstitute garantieren die natürliche Qualität der Plinganser-Erzeugnisse. Diese Qualität haben auch eine Reihe von Rottaler Wirten erkannt, die Plinganser-Gerichte auf ihren Speisekarten anbieten. Auf kurzem Wege direkt vom Bauern oder vom Metzger in der Region kommen die Zutaten in die Küche, wo sie, gekonnt zubereitet, auf den Tisch des qualitätsbewussten Gastes gelangen. Von der Appetit anregenden Vorspeise bis zum leckeren Dessert, von schmackhaften Eigenkompositionen des Küchenchefs bis hin zum guten alten Rezept, das schon die Großmütter kochten, reicht das kulinarische Vergnügen.

Bier mit fein-herber Note

Und dazu trinkt man das süffige Plinganser-Bier, das in einem besonders schonenden Verfahren aus naturbelassenem Getreide und Hopfen der ökologischen Landwirtschaft gebraut wird. Sechs Rottaler Brauereien haben sich zusammengefunden, um ein Bier von edler dunkler Farbe mit feinherber Note gemeinsam herzustellen und zu verkaufen. Sie nehmen dabei das Reinheitsgebot von 1516 mehr als wörtlich. Der Partnerschaft entsprechend ranken sich sechs Brauereilogos um den Plinganser-Bauern auf dem Bieretikett. Das Bier ist in Getränkemärkten erhältlich. Bei den sechs Brauereien kann man die kunstvolle Zwei-Liter-Flasche als exklusives Geschenk besorgen. Die Bäckerei Sedlmaier in Eggenfelden stellt Geschenkkörbe mit Plinganser-Erzeugnissen zusammen. Ob Wurst oder Brot, Honig, Schnaps und Saft, in einem kunstvoll geflochtenen Korb kombiniert, sind sie ein schönes Geschenk für Feinschmecker. Der Prospekt zum Plinganser-Sortiment ist beim Landratsamt Rottal-Inn, Tel. 08561-20-162, erhältlich.

Bauernmärkte und Verkauf ab Hof

Seit jeher verkaufen die Rottaler Landwirte einen Teil ihrer Erzeugnisse selbst, zum Beispiel auf den regionalen Wochenmärkten. Relativ neu und besonders bei Kurgästen beliebt ist der Einkauf auf dem Bauernhof.

Angeboten sind Spezialitäten der heimischen Küche, ob Geräuchertes oder feine Marmeladen, Obstbrände und Most – ohne künstliche Aroma- und frei von Zusatzstoffen. Beim Kauf ab Hof ist der Blick in den Stall nicht verwehrt, der Kunde sieht die Lämmer auf der Weide und die Hühner, deren Eier er erwirbt, auf Futtersuche in der Wiese. Industriestaub fällt im Rottal nicht.
Der Hofladen ist mit Keramikgeschirr, Puppen, ländlichen Möbeln gestaltet. Den Dekor hat die Bäuerin gebastelt, sie gibt Tipps zum Nachmachen, verrät das Rezept des Hollerweins (er ist aus den Blüten, nicht den Früchten gemacht!) und wo die Kräuter für die Gesundtees zu finden sind.
Bauernmarkt findet z.B. jeden Do von 13-16 Uhr (März bis Nov.) in und vor der Raiffeisenhalle in Kößlarn statt, mit Kaffee-Ecke zum Ratschen, in Eggenfelden kauft man heimische Produkte in der «Rottalfarm« in der Straubinger Straße Nähe Schwimmbad.

Ungespritztes Obst und selbst gemachte Marmeladen und Gelees im Hofladen.

HOFLÄDEN IM RAUM BAD GRIESBACH/BAD BIRNBACH

Josef Wimmer (Bioland), Rockern 3, von Pfarrkirchen etwa 6 km Richtung Arnstorf (Fr 12-19 Uhr). Fleisch von Angusrind und Schwein, Wurst, Getreide, Kartoffeln und Gemüse, Obst, Säfte, Honig.

Gutshof Polting, von Pfarrkirchen Richtung Arnstorf, Abzweigung Schönau, bei der Ortschaft Wald Richtung Polding-Neuhofen (Fr 14-18 Uhr): Wild aus eigener Jagd, Lammfleisch, Fisch aus eigenen

Blick ins Regal eines Hofladens, der auch die Produkte befreundeter Betriebe und Kunsthandwerker verkauft

Teichen, Schafmilchprodukte, Lammfelle.

Hofgut Ameres bei Pfarrkirchen, Abfahrt Kreisverkehr Richtung Vilshofen, gleich rechts (tägl. 8 bis 18 Uhr): Eier und Milcherzeugnisse, Omas Marmeladen, Most und Liköre, Kräutertees, Geräuchertes und pikant Eingelegtes, Dinkelprodukte, Dinkelbier, Weine und mehr.

Landmetzgerei in Schachten 1, südlich des Rottauensees, ausgeschildert (Di-Do 9-17, Fr 9-18, Sa 9-12 Uhr): Fleisch von Angusrind, Kalb, Lamm, Schwein, Geräuchertes und fettarme Wurstwaren, Landbrot, Eier, Öle. Lammfelle und Keramik.

Milchschäferei Boffo (Bioland), Straßhäuser 1 bei Wurmannsquick, Saison März bis Okt., Tel. 08727-7205: Joghurt, Käse, Frischkäse.

Pöltl-Schnapsbrennerei, Oberthal 32 bei Eggenfelden, Tel. 08721-7603: Edelbrände, Liköre, auch Plinganser-Produkte.

Robert Lorenz, Amsham 12, bei Weng/Griesbach (Mi, Do, Fr 8-18, Sa 8-12 Uhr): Fleisch, hausgemachte Wurst, Schwarzgeräuchertes, Marmeladen, Gemüse, Most, Käse, Schnäpse.

Landmetzgerei und Gasthof Kirschner, Hirschbach (Mo-Sa 7-12.30 Uhr, Di-Fr auch 14 bis 18 Uhr): Fleisch, Bauerngeräuchertes, Rottaler Spezialitäten.

HOFLÄDEN IM BEREICH BAD FÜSSING

»Inntaler Leben« – eine Gruppe von Landwirten zwischen Aigen und Hartkirchen; von Honig, Honig-Kosmetik (Imkerei Alois Berger, Aigen, Alte Schulstraße) über Rohmilch-Käse, Butter, Dinkelgetreide (Maria und Josef Kreileder, Irching, Aigenerstr. 35) bis zu Obstschnäpsen aus hofeigener Brennerei (Hans Obermaier, Hartkirchen, Obere Inntalstr. 37). Einige Landwirte vermieten Gästezimmer und Ferienwohnungen, bieten Ponyreiten und Kutschfahrten. Adressen bei der Kurverwaltung Bad Füssing.

Streifzug an der Rott

Wiesen und Wälder, Fluren und Felder, Bäche und der Fluss mit ihrer je eigenen Vegetation wechseln sich ab und machen die Fahrt durch das Tal und das Hügelland an der Rott zum abwechslungsreichen Streifzug.

Aus der Vegetation und der ihr zugehörigen Flora ergeben sich interessante Einblicke in die natürlichen Besonderheiten des Rottals, aber auch in die menschlichen Nutzungsweisen, die dem Tal ihren Stempel aufgedrückt haben. Wenn man von Pfarrkirchen die Rott entlang Richtung Pocking fährt, fällt auf, dass dem recht schmalen, in unzähligen Windungen dahinfließenden Fluss ein fast zwei Kilometer breiter Talraum zur Verfügung steht. Um dieses Missverhältnis zwischen Tal und Fluss zu erklären, muss man an die Entstehungsgeschichte des Rottals erinnern. Die Wasserführung der Flüsse war während der letzten Eiszeiten, als das Rotttal seine endgültige Form erhielt, viel stärker als heute.

Nicht nur natürliche geologische Vorgänge haben die Landschaft an der Rott geprägt, sondern vor allem Eingriffe des Menschen. Der knapp 100 km lange Fluss hat von seinem Ursprung im oberbayerischen Wurmsham bis zur Mündung in den Inn bei Neuhaus ein Gefälle von knapp 200 m. Das ist relativ wenig. Der langsam fließende Fluss hat daher zahllose Mäander, Altwasserschlingen und Verästelungen ausgebildet, die von einem schmalen Saum aus Erlen, Eschen, Weiden und anderen Gehölzen begleitet werden, die den besonderen Reiz der Rottaler Flusslandschaft ausmachen. Echte Auwaldgebiete sind an der Rott kaum noch zu finden, erst im Mündungsgebiet finden wir Reste dieser ursprünglich weit verbreiteten Vegetationsform.

Altwasserbereiche sind wesentliche Teile einer gesunden Flussaue. Ihre Pflege, vor allem das regelmäßige Entlanden, ist jedoch sehr aufwändig.

Im Bereich des Rottauensees hat sich eine natürliche Flussauenlandschaft entwickelt, die auch dem seltenen Flussregenpfeifer Brutchancen bietet.

Hochwasser und Flussausbau

Bereits im Mittelalter griffen die Menschen auf Dauer in das Flusssystem ein: durch Rodungen im früher bewaldeten Niederschlagsgebiet sowie durch Triebwerke in Form von Wassermühlen, die die Fallenergie des Wassers nutzten. Es entstanden Freiflächen, die den Wasserabfluss bei Regen erhöhten und beschleunigten. Das Rottal war wohl seit den großen Waldrodungen im Mittelalter hochwassergefährdet. Fast jedes Jahr im Sommer wurden weite Teile des Tals überflutet, Städte, Dörfer und Bauernhöfe versanken regelmäßig in den braunen Fluten des ungebändigten Flusses. Beim Jahrhunderthochwasser von 1954 standen 7000 Hektar landwirtschaftlicher Nutzfläche unter Wasser.
Zu ersten größeren Gewässerausbauten und Entwässerungen kam es nach dem Ersten Weltkrieg im Rahmen von Arbeitsbeschaffungsprogrammen. Konnte früher der feuchte Talboden nur als Grünland genutzt werden, sind seit der Bändigung des Flusses Mais- und Kornfelder nahe an die Flussufer herangerückt. Mit der Ausdehnung der Landwirtschaft im Tal der Rott verschwanden auch die ökologisch wertvollen Feuchtwiesen und Moore und mit ihnen eine große Anzahl seltener Tiere und Pflanzen.

Der Rottauensee

Das »Hochwasserrückhaltebecken Postmünster«, der Rottauensee, wurde 1968-1972 errichtet. Das Becken etwa in der Mitte des Tallaufs der Rott ist wie eine Talsperre angelegt. Der Staudamm ist bis zu 12 m hoch, der Stauraum rund 4 km lang und bedeckt eine Fläche von 330 Hektar. Die Abflussspitzen der Hochwasser können erheblich abgemindert werden. Im unteren Rottal konnte man auf weitere Ausbauten des Flusses verzichten. Und: Mit dem Hochwasserschutz ist eine Freizeit- und Erholungslandschaft entstanden, die das gesamte Rottal bereichert.

Das Europareservat Unterer Inn

Um Strom zu gewinnen und die verheerenden Überflutungen des Inn einzudämmen, wurden vor über 50 Jahren mehrere Kraftwerksstufen gebaut. Im Bereich des Unteren Inn hat sich in der Folge »neue Natur« entwickelt, die vielen Tieren und Pflanzen einen idealen Lebensraum bietet. Ein Netz von Wander- und Radwegen macht das Gebiet auch zu einer reizvollen Erholungslandschaft.

Über 5000 Hektar Wildnis hat sich Aenus, der Schäumende, wie die Römer den Inn nannten, zwischen der Salzachmündung bei Burghausen und dem Durchbruch bei Schärding zurückerobert. Teils handelt es sich um Altwasser führende Auwälder, teils um Inseln, Buchten, Lagunen. Ein Paradies für Brut- und Zugvögel auf 55 km Flusslänge, in dem auch der Biber wieder heimisch wurde. Als wichtiger Rastplatz im Netzwerk der Schutzgebiete in Europa, Westasien und Nordafrika sind die Innauen dem Vogelschutzabkommen von Ramsar unterstellt und wurden in Straßburg zum »Europareservat« erklärt.

Für den Menschen ist das Paradies weitgehend tabu, doch ergeben sich Einblicke auf österreichischer Seite in der Flachzone bei Hagenau und diesseits des Inn im Bereich der Mühlauer Bucht sowie auf den Dämmen, auf denen man wandern und Rad fahren kann. Als Alpenfluss führt der Inn im Frühjahr und Sommer oft Hochwasser. Verheerende Überschwemmungen, oftmals vor der Ernte, waren früher die Folge. Also begradigte man den Fluss, mit dem Ergebnis, dass er sich tiefer in den Untergrund eingrub und der Grundwasserspiegel sank. Die drohende Versteppung des Vorlands, ähnlich wie am Oberrhein, konnte man hier durch den Bau von Staustufen aufhalten.

Das Europareservat Unterer Inn hat auch auf Grund seiner internationalen Schutzfunktion den Rang eines Nationalparks.

Trocken gefallene Auen bezog man weiträumig in die Stauseen mit ein.
Den Rest besorgte die Natur. Die hohe Schwebstofffracht des Inn, im Volksmund »Gletschermilch« genannt, begünstigt die Verlandung. Hochwasser verändern und schaffen neu Buchten und Inselchen. Von der Forstwirtschaft unberührt wuchsen Urwälder heran, zunächst aus Weichholz, später auch Harthölzer bis hin zur Eiche.

Seltene Tiere und Pflanzen

Die Vielfalt der Schmetterlinge wird auf 600 geschätzt. Unter den rund 290 Vogelarten, die im Lauf der Jahre beobachtet wurden (125 brüten hier), ist die Beutelmeise mit ihrem kunstreichen Nest, sind Blaukehlchen und Schlagschwirl, Zwergdommel und Purpurreiher. Auch Brandseeschwalben – ansonsten an den Küsten heimisch – wurden gesehen, dazu seltene Entenarten. Vögel, die in der arktischen Tundra und Sibirien brüten, finden in den Auen Rastmöglichkeiten, ehe sie in die Winterquartiere im Mittelmeerraum und in Afrika weiterziehen.
Die Verbesserung der Kläranlagen hatte eher nachteilige Folgen. Die Wasservögel konnten dem Inn nicht mehr so große Mengen fäulnisfähiger organischer Stoffe entnehmen. Manche Arten sind nun seltener, dafür kommen andere.
Im Rahmen des EU-Life-Projekts werden weitere Flächen angekauft, um die Auwälder des Inntals wieder herzustellen.

Der Seidenreiher zählt zu den Raritäten am Unteren Inn.

Das **Bayerisch-Oberösterreichische Informationszentrum** des Europareservats Unterer Inn östlich von Ering (Tel. 08573/1360), Innwerkstr. 15, stellt die Ökologie der Stauseen und die Welt der Vögel und Biber in den Innauen dar. Apr. bis Okt. Di-Fr 10-17 Uhr, Sa 10-12 und 13-17 Uhr, So 13-17.30 Uhr, an Feiertagen 10-17.30 Uhr. Nov. bis März nach Bedarf Sa 10-12 und 14-16 Uhr, So 14-16 Uhr. Führungen Mi 14 Uhr, So 10 Uhr. Fernglas und festes Schuhwerk! Spaziergänge und Radtouren auf den Dämmen auch ohne Führung.
www.europareservat.de

Das Rottal – Pferdeland

In den Stallungen mancher großen Rottaler Bauernhöfe standen noch um 1925 über 30 Pferde. In Sachen Pferdezucht macht den Rottalern auch heute noch keiner etwas vor. An der Verbandsstutenschau für Warmblüter beim Karpfhamer Fest Ende August beteiligen sich 80 bis 90 Pferde, mehr als bei jeder anderen Pferdeschau in Bayern.

Pferde aus Rottaler Zucht erringen Jahr für Jahr bayernweit Spitzenplätze, ob als Spring- oder als Rennpferde, Zuchthengste- oder stuten. Die Zucht von Warmblutpferden hat im Rottal eine Jahrhunderte lange Tradition. Entzündet wurde die Pferdeleidenschaft vielleicht schon im 10. Jh., als von den Ungarn-Einfällen ein paar schöne Tiere zurückblieben. Dass bereits mit den durchziehenden Hunnen im 5. Jh. in unserem Gebiet der Sinn fürs Pferd erwacht sei – das wäre die Zeit nach dem Zusammmenbruch des Römischen Reiches –, ist nicht bewiesen, aber möglich.
Von gezielter Zucht wird so früh niemand sprechen wollen. Auch später galt die Warmblutzucht nicht einer eindeutig bestimmbaren Rasse, sondern war Zeitströmungen unterworfen und zweckbestimmt. Bis ins hohe Mittelalter und darüber hinaus war das Reittier gefragt, das für die Kavallerie kriegstauglich sein musste, aber auch als »Waglroos« (Karossierpferd) im Gespann für die Artille-

Bauern auf dem Festwagen fahren zum Leonhardifest, das Anfang November in mehreren Orten des Rottals gefeiert wird.

Das Festtagsgeschirr für ein Arbeitspferd, bestehend aus leichtem Kummet, Trense, Zaumzeug und Zügel.

rie Verwendung finden konnte. Vor dem Pflug ging in der Regel der Ochse.

»Roosnarrisch« waren sie alle

Ob Herr, Bauer oder Knecht: »Roosnarrisch« (Pferdenarren) waren sie alle. Nicht nur weil es im Winter im Stall am wärmsten war, schlief der Pferdeknecht bei seinen Tieren. Er fühlte sich für das Wohlergehen jedes einzelnen verantwortlich und das Lager der Stute beim Fohlen wurde sorgfältig vorbereitet. Wenn es um die besten Zuchthengste geht, blickt man sich auch heute nicht nur in der engsten Heimat um. Schon im 18. Jh. galt das Interesse dem Holsteiner, der auch orientalisch-spanische Blutströme führte. Rottaler Landstuten wurden gelegentlich durch Spitzenhengste aus Neapel und Andalusien veredelt. Um den Forderungen der Landwirtschaft Rechnung zu tragen, wurden im 19.Jh. englische Halbblüter und ungarische Pferde eingeführt. Die Rottaler Zucht galt in der Folge in Bayern als die bedeutendste – allen voran die im Bezirk Griesbach. Um die Felder intensiver bewirtschaften zu können, kaufte der bayerische Staat Cleveländer, auch Hengste aus Oldenburg, wo man große, elegante Karossierpferde mit schwungvollem Gang, andererseits den gedrungenen, starkknochigen Wirtschaftstyp züchtete.

Der Rottaler – neu gezüchtet

Aus den Jahrhunderte langen Bemühungen um ein Allroundpferd, einen Alleskönner, ist jener typische »Rottaler« hervorgegangen, den die Fachleute so beschreiben: »harmonisch gebaut und meist dunkel, starkknochig und eher kurz geschient mit ausgezeichneter Mechanik, umgänglich und doch lebhaft, von Adel der Erscheinung und unübertroffenem Gangvermögen«. Ein solcher Tausendsassa ist in der Lage, vor der Kutsche die volle Strecke von Dietersburg nach Pfarrkirchen in leichtem Trab zurückzulegen. Die Original-Mutterlinie geht auf das Zuchtbuch von 1906

zurück. Das Ziel blieb wie in den Zeiten der Kavallerie ein Reittier, das auch als Springpferd geeignet ist.
Als Seitenstrang entwickelte sich die Traberzucht. Die erste Trabrennbahn in Bayern wurde 1896 nicht in Daglfing oder Straubing angelegt, sondern in Pfarrkirchen. Der Kaltblüter hat im Rottal nie eine besondere Rolle gespielt, außer für kurze Zeit nach dem Ersten Weltkrieg und heute noch gelegentlich beim Waldbauern: Es schädigt den Waldboden weniger, wenn statt des Traktors die Pferde das Holz aus unwegsamem Gelände ziehen. Nicht wegzudenken sind die kräftigen Zugpferde von den Festwagen der Volks-, Mittelalter- und anderen Festumzüge – die Mähne mit Feldblumen und Zopfschnüren geschmückt, der Schweif frisch gebadet.

Termine rund ums Pferd

Noch in den 1970er Jahren fanden vielerorts Pferdeschlittenrennen statt, die heute mangels Schnee oft ausfallen. Geblieben sind die Feste

Der Zehnerzug

»Die Spannung stieg aber dann auf das Höchste, wenn es hieß: Jetzt kommt der Zehnerzug! Eine vierzig Zentner schwere gelbe Postkutsche, besetzt mit feschen Bauernburschen, wurde von fünf Pferdepaaren gezogen. Wie elegant die Rösser daherstiegen! Eins schneidiger wie das andere. Voller Kraft und Übermut, aber gehorsam den Leinen, die der Kutscher vom hohen Bock aus führte. Wie da das Silber der Geschirre in der Sonne blitzte, und wie da der weiße Schaum von den Mäulern den anderen in die Flanke troff! Eine Viertelstunde hellster Freude wird dir da geschenkt, wenn du den Rottaler Zehnerzug sehen kannst. Eine Paradefahrt des Kaisers von Thailand kann nicht schöner sein als der Anblick des Zehnerzuges. Hier ist alles echt, was da steigt und schäumt und blitzt und beruhigt. Alles ist eine Einheit. Die Pferde, der Kutscher, seine Beifahrer und die Zuschauer, die fiebernden.
Es ist ein Fuhrmannskunststück, so einen Zehnerzug in den drei Gangarten zu fahren, in Geraden, Kurven und Achterschleifen. Der Kutscher hat bei so einem Gespann ein Gewicht von über einem Zentner »in der Pratz'n«. Dieses Gewicht kommt nicht nur von den zehn Fahrleinen, sondern das macht der Maulzug der Rösser, die da an den Trensen spielen und zerren. Bruder, da musst du deine fünf Sinne beieinander haben, und die Augen müssen bei jedem Roß sein, wenn eins anfangen sollte, giftig zu werden.« *Aus: Franz Stelzenberger, Roß und Rottal, Passau 1968*

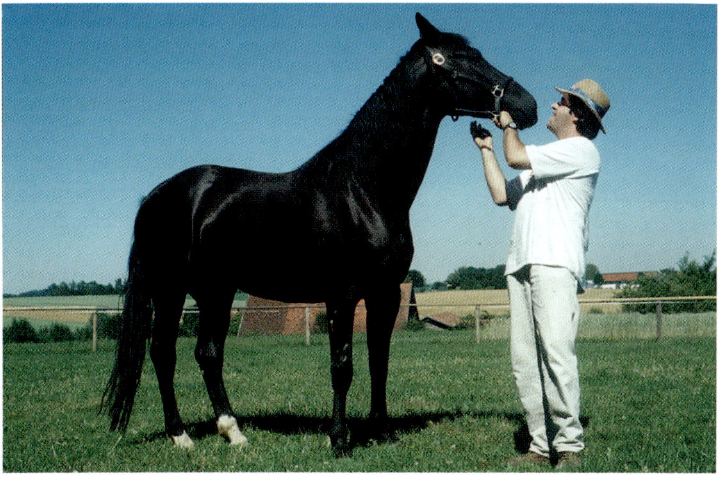

Der typische Rottaler ist ein Allroundpferd, dessen Original-Mutterlinie auf das Zuchtbuch von 1906 zurückgeht.

der örtlichen Vereine oft mit Pferderennen auf der grünen Wiese, vor allem aber die Pfingstrennen auf der Pfarrkirchner Trabrennbahn. Höhepunkt ist am Pfingstdienstag das Bayerische Zuchtrennen; dann herrscht in den Wettbüros Hochbetrieb. Manchmal finden Ende Juni und im September weitere Rennen statt. Näheres unter 08561-30615 bei der Stadtverwaltung Pfarrkirchen. Eines der wichtigsten Ereignisse im Jahreskalender ist das traditionsreiche Karpfhamer Fest, das »Kahamer Reidn« immer am letzten Augustwochenende. Am Samstag stehen die Zuchtschau und die Prämierung der schönsten zwei- bis fünfjährigen Stuten auf dem Programm. Es folgt der Wettbewerb der Gespanne, erst Zweispänner, dann Vierer-, Sechser- und Achterzüge und als Höhepunkt die Vorführung des berühmten Zehnerzugs. Die Springreiter tragen auf dem Festgelände an der B 388 bei Bad Griesbach ein Turnier aus.

Der Leonhardiritt

Ob der seit dem 17. Jh. vom bayerischen Bauernvolk verehrte St. Leonhard sein hohes Ansehen als wundertätiger Viehpatron (»Kettenheiliger«) nicht einem Missverständnis verdankt? Die Eisenketten, mit denen der Heilige als Helfer der in Fesseln geschlagenen Sträflinge abgebildet ist, haben die Bauern einfach als Stall- und Viehketten gedeutet. Sie

TIPP: Reitausflug

Der Reitausflug mit Förster Helmut Dotzauer aus Pfarrkirchen führt auch durch Wald und Wildgehege oberhalb Schwaibachs und andernorts. Treffpunkt und Termine bei der Kurverwaltung Bad Birnbach und unter Tel. 08561-20152 (Landratsamt Rottal-Inn).

brauchten den Schutzheiligen der Tiere, der Existenzgrundlage des Bauern – eine Tierseuche konnte ihn ruinieren. Votivtafeln in Kirchen und Heimatmuseen zeugen davon. Der derbe Spottvers »Weibasteam is koa Vadeam, aba Roosvaregga tuat an Bauern schregga« (Weibersterben ist kein Verderben, Rossverenden trifft den Bauern hart) hat einen realen Kern: Starb die Bäuerin im Kindsbett, kam in der Regel eine zweite Frau samt Mitgift auf den Hof. Das Verenden einer Zuchtstute bedeutete hingegen einen materiellen Verlust, der kaum wiedergutzumachen war.

Am ersten Novembersonntag, an manchen Orten eine Woche früher, treffen die Bauern und Reitervereine mit ihren geschmückten Pferden in Aigen am Inn, in Asenham bei Bad Birnbach, Grongörgen, Schildthurn

Festlich geschmückt werden die Pferde zum Leonhardifest, wo auch Zeit zum Fachsimpeln unter »Roosnarrischen« ist.

Im Pferdeland Rottal sind die Bedingungen für Reiterferien ideal. Reiterhöfe und Pferdepensionen sind zahlreich.

bei Tann oder Niedernkirchen bei Schönau zum Leonhardifest zusammen. In Aigen am Inn wird dreimal die einstige Hofmark mit der Kirche umrundet, ehe der Geistliche auf freiem Feld den Segen erteilt. Danach trifft man sich im Dorf: Kaffee, Wecken, Bier und Brezn warten auf die zahlreichen Gäste.

REITERHÖFE UND KUTSCHFAHRTEN

Pferdepension Aignerhof, Aign 7, 84347 Pfarrkirchen (Tel. 08561/5960), Reiterferien für junge Leute zwischen 8 und 18, auch ohne Eltern, Unterbringung in 5-Bett-Zimmern.

Karin Azhar in Schönerting bei Vilshofen (Tel. 08543/91420): Islandpferde, Ausreiten für Kinder und Anfänger, »um zum Pferde zu kommen«. Wanderreiten. Kinderreitferien ab 10 Jahre mit Unterkunft, Reitferien für Erwachsene mit Unterbringung im Ort. Auch Feldenkrais und Pferd sowie weitere Kurse.

Reitstall Graf Deym in Weihersbach bei Nöham (nahe Schönau), 84378 Dietersburg (Tel. 08726/1338): Pony-Reitkurse für Kinder ab drei Jahren, für Erwachsene Warmblüter verschiedener Größe, Gästewohnungen auf dem nahe gelegenen Bauernhof Spirkl. Boxen-Vermietung.

Zuchtbetrieb Otto Fischer, Wienertsham bei Haarbach (Tel. 08535/91014): Fischer nimmt Pferde in Pension, Einzelunterricht mit Schwerpunkt Dressur; Kutschfahrten.

Manfred von Wächter, Hof nahe Dietersburg (Tel. 08561/6321): Kutschfahrten, im Winter auch Schlittenfahrten, in der Umgebung und rund um den Rottauensee.

Weitere Reiterhöfe in Ortenburg, Schärding, Simbach und anderen Orten; siehe auch die Hinweise auf Reitmöglichkeiten im Bäderteil und unter Sehenswürdigkeiten von A–Z.

Rottaler Festkalender

Mit einem Grenzumritt und nicht selten hoch zu Ross durch die Tenne der zugehörigen bäuerlichen Anwesen reitend demonstrierte einst der Schlossherr, was er sein eigen nannte. Mit 800 Herrensitzen übertraf Niederbayern das bayerische Oberland bei weitem. 13 Burgen und Schlösser begleiteten allein das Tal der Rott.

In der Zeit der beherzten Ritter und Minnesänger, von »Blut und Rosen« konnte ein Edelfräulein den Bräutigam kurz vor der Hochzeit beim ritterlichen Turnier verlieren. Zu Pferde und zu Fuß zu kämpfen war für die jungen Herren Training und Selbstdarstellung in einem. Die Ortenburger Ritterturniere vor der Kulisse des mit Turm und Zinnen bewehrten Grafenschlosses faszinieren das Publikum aus nah und fern. Einen Hauch Nostalgie umgibt das mit rotem Tuch ausgeschlagene Zelt. Kostbare Teppiche bedecken den Boden, das hoch aufgeschichtete Strohlager ist mit Pelzen abgedeckt. Wer wollte dafür nicht auf den Komfort seines Hotelzimmers verzichten? Gaukler, Falkner, Moriskentänzer treten auf (Termin unter Tel. 08542-16421).

Vor der prächtigen Kulisse des Ortenburger Grafenschlosses wird das Ritterturnier ausgetragen.

Mittelalter lebendig

Die Geschichte des Marktes Arnstorf wird im Mittelalterfest (nächstes Juni 2003) lebendig. »Auf Heller und Barde« heißt die Veranstaltung, in der das Handwerk und die Musik, Trachten und Spiele, Bauernleben und Bräuche aus der Zeit der Ritter, Lands-

knechte und Burgen den Markt erobern. Gaukler, Spielleute, Falkner, Ritter, Landsknechte und edle Damen, Bettler, Mönche sowie vielerlei altes Handwerk und Bauern mit ihren Tieren versetzen den Markt ins Mittelalter. Höhepunkte sind die Lagerfeuernacht rund ums Schloss mit einem Künstlerspektakel und der Festzug (Tel. 08723-96100).
Ritterliche Wettkämpfe im Rahmen des historischen Burgfestes werden Anfang Juli auch in Burghausen ausgetragen (s.u. Ausflüge, Tel. 08677-2435), oder in Furth im Wald etwa 90 Minuten nördlich von Passau am 2. und 3. Augustwochenende als Teil des Volksfests und des Drachenstichspiels (Tel. 09973-50980).
Die Begabung zu Spiel und lebendiger Darstellung findet im bodenständigen Rottal Ausdruck in vielerlei Brauchtumsfesten.
Ende Januar ist Lichtmessmarkt (besonders schön in Tann und Arnstorf) und beim Palmsonntags- und Fronleichnamszug in Kößlarn wird eine hölzerne Christusfigur auf dem Esel mitgeführt. Das Erntefest, Laienspiel-Aufführungen und der Hoagarten (Spiel, Dichtung und Musik im Wirtshaus) gehören ebenso in den Festkalender wie das Sonnwendfeuer und der Kirchweihtanz sowie das Leonhardifest am ersten Novembersonntag (s.o.) in Aigen, Asenham, Niederkirchen, Grongörgen und Schildthurn.
Schließlich: Von Mai bis Ende August findet immer irgendwo im Umkreis von 10 km ein dörfliches Volksfest mit Bierzelt und Vergnügungspark statt.

Raunachtsbräuche gegen böse Geister

Ein Höhepunkt vieler Christkindlmärkte sind die Auftritte der Bayerbacher Perchten-Hexen, Habergoaßn und Rauwuggerl, die daran erinnern, wie in grauer Vorzeit die bösen Geister vertrieben und der Frühling geweckt wurde. Im Dezember und in den zwölf Raunächten sind sie unterwegs. Der stampfende Schritt soll den winterlich ruhenden Boden wachrütteln. Jeder sehnt sich nach Frau »Perchta«, der Hellen. Perchten haben sich mancherorts in Bayern und Österreich erhalten. Kunstschnitzer Sepp Schmalhofer in Holzham bei Griesbach schnitzt die Masken der Bayerbacher Perchten – und keine gleicht der anderen.
»Heut is Raunacht«, singen sie, wenn sie Anfang Januar in Bayerbach von Haus zu Haus ziehen, »wer hat's aufbracht? A stoalter Mo hat z'erst gredt davo...« Die Bayerbacher »Habergoaßn« (Haberer-Geißen) tragen Hörner zu ihrem Auftritt gehören die wilden Hexen bei ihrem Tanz ums Feuer. Hinter den Masken stecken die jungen Mädchen des Dorfes.

Haberer und Wasservögel

Die mit Fell bekleideten Griesbacher Gestalten leiten sich von den Geheimbünden des Haberfeldtreibens ab, eines maskierten Rügegerichts um 1700, das Vergehen und Eigenschaften anprangerte, die vor einem ordentlichen Gericht nicht verhandelt wurden wie Ehebruch, Heuchelei oder Geiz. Sie treiben im Advent und am 26./27. Dezember ihr Unwesen. In ihrer Gesellschaft treten die Druden auf, Zauberinnen mit Doppelmasken: Tagsüber erscheinen sie als schöne Mädchen, nachts hocken sie sich auf die Brust Schlafender und verursachen Albträume und Atemnot (möglicher realer Hintergrund: Druck auf den Magen nach einem reichlichen fetten Essen, wenn die Feldarbeit getan war). Altbayerisch spricht man von »Druddrucka«. Mit Amuletten wie dem Drudenfuß (Pentagramm) oder Drudenstein suchten sich die Menschen zu schützen.

Ein weiterer Brauch, den man in Griesbach pflegt, hat mit Vögeln zu tun: Vögel galten in vorchristlicher Zeit als Mittler zwischen Mensch und Gottheit, denn ihnen sind die Elemente Luft, Wasser und Erde vertraut. Um Pfingsten bitten die Griesbacher »Wasservögel«, mit dem Schnabel klappernde hohe Gestalten, in einem Tanz um eine gute Ernte. Sie bespritzen mit ihren Schnäbeln die Erde und

Auftritt der wilden Bayerbacher Perchtenhexen auf dem Christkindlmarkt in Bad Birnbach.

geschwind auch mal die Zuschauer. Die Wasservögel sind von Pfingstsamstag bis -montag in Bad Griesbach und Umgebung unterwegs. Man kann ihnen auch in der Walpurgisnacht am 30. April und zum Sonnwendfeuer um den 21. Juni begegnen.

Sonnwendfeuer und Theaterspiel

Laienspielaufführungen diverser Theater- und anderer Vereine, Lachschlager meist regionaler Couleur, kann man auf dem Land vielerorts erleben. Theater vom lustigen Volksstück bis zu ernsthafteren Dramen wird auch im Rahmen des Kurprogramms der drei Bäder geboten. Eine regional bekannte Größe sind die Lindenthaler in Hebertsfelden (an der B 388, Abfahrt Schleuder Maxx, vom Parkplatz unter der Straße hindurchgehen). Im dortigen Theater und Vereinsheim werden ab Mitte Oktober und im November auch Schuhplattler und andere Volkstänze aufgeführt.
Das Programm hängt überall aus (Tel. 08721-4546).
In Aidenbach wird alljährlich Mitte Juli bis Anfang August in einem Freilichtspiel an die blutige Niederschlagung des Bauernaufstands von 1705/06 erinnert, bei dem Tausende von Bauern massakriert wurden (s.u. Aidenbach).
Sonnwendfeuer in Massing, Erntefest in Kößlarn, Kirchweihtanz im Massinger Freilichtmuseum,

Auf dem Mittelalterfest schlüpft Arnstorf ins historische Gewand. Ein Höhepunkt ist die Lagerfeuernacht rund ums Schloss.

das sind Festlichkeiten, bei denen man die Rottaler in großer Zahl versammelt findet: an langen Tischen, bei Bier und Brez'n, Radi und Gschwollenen und vielen anderen Schmankerln. Gespräche mit den Sitznachbarn ergeben sich von selbst. Ähnliches gilt für die Volksfeste, nur dass dort meistens die laute Musik die Verständigung erschwert. Trotzdem, einmal muss man dabei gewesen sein, besonders aber Ende August, wenn die Felder abgeerntet sind und das Karpfhamer Fest gefeiert wird, das größte bayerische Volksfest zwischen Straubing und Burghausen mit Prämierung von Zuchtpferden (s.o. S.30 und Karpfham).

Vom Schlosszimmer bis zum Heustadel

Als ein traditionelles Land der Herrensitze und Klöster, seit 1848 aber auch der freien Bauern weist das Rottal eine breite Palette an attraktiven Ferien- und Wochenendunterkünften auf. Hinzu kommt das Angebot der Städte, Märkte und natürlich der drei Kurbäder.

Die meisten Burgen und Klöster sind zerfallen, die erhaltenen von den Besitzern privat genutzt und Urlaubern nicht zugänglich. Das gilt nicht für das Augustiner-Chorherrenstift Reichersberg auf der österreichischen Innseite, wo die Teilnehmer an Seminaren (Meditation, Kunsthandwerk, s.u.) auch übernachten. Zu den Glanzlichtern der Gastlichkeit in historischen Räumen zählen auch das Renaissanceschloss Ortenburg 10 km nördlich von Bad Griesbach, dessen Besitzer Gästen 1-2-Zimmer-Appartements anbietet. Sechs Kilometer von Bad Griesbach steht das Kloster St. Salvator mit Ferienwohnungen/zimmern in einstigen Klosterräumen. Dem Restaurant Klosterhof St. Benedikt in Asbach, ebenfalls bei Bad Griesbach ist ein Hotel angegliedert, das ehe-

Den Besuchern der Ferienregion Rottaler Bäderdreieck steht eine breite Palette von Unterkünften zur Verfügung.

Viel Grün und Blumenschmuck findet der Feriengast in den komfortablen Rottaler Pensionen.

malige Mönchszellen in Zimmer mit Komfort umgestaltet hat. In Neuburg am Inn mit Hoftaferne kann man sich in Schlossräumen einmieten; geboten sind u.a. Wochenendarrangements (Genaueres s. unter Neuburg am Inn).

Komfort auch beim Bauern

Auch die Landwirte, die ihre schönen Vierseithöfe vermieten, passen sich modernen Komfortwünschen an. Sie bieten Zimmer mit Frühstück, manchmal auch mit Halbpension, teilweise noch Etagenduschen, was sich im Preis niederschlägt. Der Schlager aber sind Ferienwohnungen, der Urlaub auf dem Bauernhof und Kurcamping (s. Bäderteil). Für den Radler, Autofahrer und dank des Badebusses zu den Thermalbädern sind die Entfernungen im Allgemeinen leicht überbrückbar. Für die Anreise empfiehlt sich auf dem Land (kleine Dörfer, Einöden) das Automobil.

Ferienunterkünfte für Jugendgruppen

Sehr schön gelegen sind einige Jugendunterkünfte:

➤ Jugendferiendorf oberhalb des Inn bei Simbach/Braunau mit Freilichttheater und Bolzplatz, Selbstversorger-Übernachtungshaus (40 Betten) und Zeltgelände mit Grillhütte (bis 80 Personen). Auskunft: **Landratsamt Rottal-Inn,** TWiSt-Büro, 84347 Pfarrkirchen, Tel. 08561-20152 und 20268, Fax 963814.

➤ Jugendzeltdorf am Rannasee bei Wegscheid (südlicher Bayerischer Wald) mit Blockhütten und Zeltfläche (bis 60 Personen).

TIPP: Naturheilwochen mit der Bäuerin

Sie buchen im Simbacher Krankenhaus eine Antistress- oder Heilbehandlung auf der Basis von Naturheilverfahren und quartieren sich mit oder ohne Familie auf einem Hof ein, wo die Bäuerin mit Kräuteraufgüssen, Kneippkur usw. vertraut und entsprechend eingerichtet ist (Nadelreizmatte vorhanden). *Näheres bei Tourismus-Information Rottal-Inn, Tel. 08561-20268.*

TIPP: Schlafen im Heu

Wer auf dem Land aufgewachsen ist, wird sich gerne an die eine oder andere romantische Nacht im Heu erinnern. Die Tradition lebt: Auf dem Biokräuterhof von Familie Paul Stoiber in Hofreith 3 unweit von 94149 Kösslarn, Tel./Fax 08536-91091 kann man einen Schlafplatz im Heu buchen. Dasselbe bietet Familie Zeilinger auf dem Loryhof in Österreich, 10 km von Bad Füssing/Obernberg. Schlafen im Heu mit Duschmöglichkeit wird hier schon ab 8 DM für Erwachsene und ab DM 4,50 für Kinder geboten. A-4942 Wippenham, Guggenberg 4, Tel. 0043-7757-6757.

Auskunft: **Kreisjugendring,** Bahnhofstr. 26, 95032 Passau, Tel. 0851-956750.

➤ Haus der Begegnung in Gern für kleine Gruppen (Jugendliche oder Erwachsene), Nähe Sportzentrum und Rottal-Radwanderweg.
Auskunft: Stadt Eggenfelden, PF 1220, 84302 Eggenfelden, Tel. 08721-70835, Fax 7388.

Urlaub auf dem Bauernhof

Bienen summen, blühende Wiesen und Obstbäume: Der Mai ist einer der schönsten Monate auf dem Land. Im Juni dann die Heumahd, Hennen und Enten mit ihren Küken spazieren über den Hof. Pony und Haflinger stehen auf der Weide. Die Kirchturmspitze hinter einer Anhöhe zeigt an, wo das nächste Dorf zu finden ist. So präsentiert sich das Rottal vom Bauernhof aus.
Hier das Beispiel des baby- und kinderfreundlichen Hofes bei Dietersburg 12 km von Bad Birnbach: Waldrandlage, ideal zum Radeln und Wandern. Duftende Felder, Stille. Und die Betten sind 2,20 m lang, Familie Rieger rechnet auch mit Überlängen – und mit Babys, die Ausstattung dafür ist vorhanden. Kutschfahrten, Führungen zu den schönsten Plätzen der Gegend. Fahrräder kann man leihen und ist mobil. Im Spätherbst, wenn die Feldarbeit getan ist, nimmt sich die Bäuerin Zeit für Töpferkurse.
Oberhalb Triftern (1 km zum beheizten Freibad, 12 km nach Bad Birnbach) steht der Hof Enggruber, ideal für Wanderungen und nahe zum Altbachradweg. Frische Eier, Milch, Früchte der Jahreszeit bereichern das Frühstück. Die Bäuerin weiht ihre Gäste gern auch in die Rottaler Küche ein. Gelegentlich findet sich noch ein Dachstüberl unterm Gebälk. Häufiger ist der Landhausstil mit Balkon. In der Nähe von Schönau steht ein seit dem späten Mittelalter bewirtschafteter Hof mit dem typischen breiten Giebel des Rottaler Bauernhauses. Das Ehe-

paar Gruber vermietet eine Ferienwohnung und das »Zuhäusl«. Eine umgebaute Mühle bei Wurmannsquick haben Familien als Ferienquartier schätzen gelernt: Entchen im Weiher, Kühe, Schweine, Katzen und Hund gehören zum Hof. Pfahlhaus und Sandkasten, Tischtennis-und Tischkegelplatte. Im Herbst verbreitet der Kachelofen anheimelnde Wärme. Milch, Eier, Forellen, Brot und Edelbrand aus hofeigener Produktion ... Wie wär's mit einer Nachtwanderung unter Führung des Bauern? Lagerfeuer an einem schönen Sommerabend? Auf dem Land sind meist auch die Vierbeiner willkommen.
Ein Bauernhaus bei Rogglfing (nahe Tann) wird komplett jeweils an eine Familie oder Urlaubsgemeinschaft abgegeben. Kaminzimmer, Zentralheizung. Die Alleinlage am Waldrand macht diesen Hof zu einer Oase der Ruhe.
Für eine Ferienwohnung bezahlt man je nach Saison zwischen 45 und 150 DM (vier bis sechs Personen); pro Person und Tag kann man durchschnittlich mit 25 DM rechnen, Kleinkinder zählen oft gar nicht. Ein Zimmer mit Frühstück im Doppelzimmer ist ab DM 20/25 zu haben, bis DM 99 im komfortablen Landhotel mit Schwimmbad am Rottauensee (s. S.38), 18-Loch-Golfplatz 1 km, Bootshafen 150 m entfernt.

Mehr über Unterkünfte

• Tourismus-Information Rottal-Inn, Ringstr.4-7, 84347 Pfarrkirchen, Tel. 08561-20268, Fax 963814, E-mail: tourismus@rottal-inn.btl.de ferienregio@rottal-inn.de www.rottal-inn.de und www.btl.de
• Tourismus-Information Passauer Land, Domplatz 11, 94032 Passau Tel. 0851-397600, Fax 397488 www.btl.de

Beispiele aus über 100 Angeboten von Massing bis Passau. In den Urlaubsbroschüren der Landkreise sind sie verzeichnet, dazu Pensionen und Gasthäuser, Camping- und Wohnmobilstellplätze.

Überraschende Begegnungen ermöglicht auch der Urlaub auf dem Bauernhof.

Die Rottaler Küche

Von G'wichsten, Auszognen und Armen Rittern

Keine Angst, hier handelt es sich nicht um eine Orgienbeschreibung oder eine Raubrittergeschichte. Die Rede ist von leiblichen Genüssen anderer Art, von Speis und Trank im Rottal. Der Autor Georg Baumgartner ist Kunsthistoriker und Wirt des Landgasthofes Hollkronöd.

Zu kulinarischen Höhenflügen ist es früher bei uns nie gekommen. Kann gut sein, dass auf den zahlreichen Schlössern und Herrensitzen gelegentlich gut aufgetischt wurde, was auch die »feinen Herren« in Landshut, in Burghausen und München so alles speisten und tranken. Die Beschreibung der Festlichkeiten der »Landshuter Hochzeit« von 1475 gibt davon ja ein anschauliches Beispiel.

Sättigende Rottaler Bauernkost

Auf dem Lande wurde anders gekocht. Einfach bei der Zubereitung und preiswert musste die Kost sein, gut und kräftigend für die schwere Bauernarbeit. Dass sie auch satt machen und gesund sein sollte, ist selbstverständlich. Wer in einem Rottaler Landgasthaus noch g'wichste Knödel, mit Sauerkraut und einem »Erdäpfelbratl« auf der Speisekarte entdeckt (z.B. beim Kirschner-Wirt in Hirschbach) kann selbst ausprobieren, wie sättigend und kräftig die alte Rottaler Bauernkost ist. G'wichste sind kleine Knödel aus Roggenmehl, die früher zusammen mit Sauerkraut auch als Hauptmahlzeit auf den Tisch kamen. Eine kulinarische Sensation waren sie sicher nicht, aber wenn man zwei oder drei davon verdrückt hatte, war man satt. Es soll Bauernknechte gegeben haben, die auch sechs oder acht davon aus der gemeinsamen Schüssel fischten und verputzten.

Dass Roggenmehl bestimmt gesünder ist als das fein gesiebte weiße Weizenmehl, war so einem Burschen damals sicher nicht bewusst, auch nicht, dass der Genuss von Sauerkraut in einer Zeit, wo es bei uns noch keine Zitrusfrüchte gab, im Winter der wichtigste tägliche Lieferant von Vitamin C war. Dass die vergorene Milchsäure des Sauerkrauts verlässlich verdauungsfördernde Wirkung hat, wurde wohl eher als lästig empfunden.

Köstliche Mehlspeisen und hausgemachter Most

Es waren andere Köstlichkeiten, nach denen sich damals so ein g'standenes Mannsbild« und eine

»fesche Dirn« sehnten: Dampfnudeln, Baunzen, Maultaschen, Rupfhauben oder ein Schweinsbraten mit Kartoffel- oder Semmelknödeln. Dass die Knödel früher selbstverständlich alle frisch und mit der Hand gemacht wurden, muss im Zeitalter der Fertiggerichte und Tütenknödel schon mal herausgestellt werden. Drahtwixpfeiferl, bachene Mäus, nackerte Mandln, versoffene Jungfern – das ist nichts Unanständiges, sondern sind köstliche Mehlspeisen, die früher nur bei besonderen Anlässen auf den Tisch kamen. Und zum Runterspülen war der hausgemachte Most – pur oder mit klarem Brunnenwasser verdünnt – immer noch das beliebteste Getränk. Heute wird Rottaler Most auch wieder von einigen Gaststätten auf der Getränkekarte geführt (z. B. im Moststüberl von Bad Griesbach, wo übrigens auch mit Most gekocht und verfeinert wird). Man sollte sich einmal zu einem Glas verleiten lassen, Most ist schmackhaft, gesund und hat weniger Alkohol als Wein.

Der Bauer braute sein eigenes Bier

Natürlich wurde früher auch auf den Gerstensaft nicht verzichtet. Dutzende kleiner Brauereien lieferten ihn auf Wunsch auch ins Haus und es ist noch gar nicht so lange her, da brauten sich viele Bauern ihr Bier selbst – das dazu

Eine Rottaler Spezialität ist der »Erdäpfelkas«, pürierte gekochte Kartoffeln, gewürzt mit Zwiebeln, Salz, Pfeffer und mit Süß- und Sauerrahm angerührt.

notwendige Malz wurde aus Gerste selbst gemacht, der Hopfen im eigenen Garten gezogen. Manche Brauereien lieferten vor allem in den Sommermonaten zur Erntezeit ein besonderes Dünnbier, das so genannte »Scheps«. Es schmeckte bei der harten Erntearbeit, ermüdete aber nicht, weil es nicht sehr alkoholhaltig war.

Die letzten Privatbrauereien

»Scheps« ist heute nicht mehr zu bekommen und auch die meisten der kleinen Privatbrauereien haben den Kampf gegen die mächtige Konkurrenz der großen Betriebe verloren. Einige gibt es aber immer noch. Wer bei der Weizenbierbrauerei Bauer in Triftern das hausgemachte Weizen probiert hat, in der Klosterbrauerei Seemannshausen bei Gangkofen das kellertrübe Helle oder in Aldersbach das Klosterbier, bekommt eine Ahnung davon, wie gut Bier schmecken kann.
Auch stärkere »geistige Genüsse« gab und gibt es immer noch bei uns im Rottal, jedoch sind die Brennrechte, die noch vor 100 Jahren viele Bauernhöfe besaßen, heute sehr selten geworden. Ein hausgebrannter Obstler aus eigenem Obst, aus Zwetschgen, Äpfeln oder Birnen ist ein Genuss der besonderen Art. Beim Schiller in Buch bei Rotthalmünster kann man ihn noch erleben.

Der Landgasthof Hollkronöd mit Biergarten bei Eggenfelden pflegt die traditionelle Rottaler Küche. Eingekauft wird frisch bei Bauern der Umgebung (s.S. 150).

Eine »g'scheite Brotzeit« z.B. mit einem Stück Pressack oder G'selchtem, hausgebackenem Brot und selbst angerührter Butter, dazu ein Schluck Most oder ein kühles Bier, alles an einem sonnigen Tag im Schatten einer Biergarten-Kastanie genossen, das sind kulinarische Erlebnisse, die man nach wie vor im Rottal haben kann.

Multikulinarische Gesellschaft – für jeden Geschmack etwas

Das Rottal ist aber längst nicht mehr nur das Bauernland, das es noch vor 20, 30 Jahren war. Zwar stimmt es, dass die Landwirtschaft noch immer einen wichtigen wirtschaftlichen Faktor darstellt, dass unsere Gegend bäuerliche Kulturlandschaft ist, unzersiedelt und ohne größere Industrie. Aber gerade deshalb ist das Rottal auch zur beliebten Ferienregion geworden. Tausende von Gästen verbringen hier ihren Urlaub, erholen sich bei den vielfältigen Freizeitangeboten oder kuren in den Thermalbädern des Bäderdreiecks. Und viele Neubürger haben sich in den letzten Jahren im Rottal angesiedelt.

Auf dieses Publikum zielen die gastronomischen Angebote der zahlreichen neuen Gaststätten, die vor allem in den letzten 10, 15 Jahren hier entstanden sind. Auch der Geschmack der alteingesessenen einheimischen Bevölkerung hat sich erweitert. Zwar haben der Schweins- und Surbraten sowie die Rottaler Bauernente oder ein gebratener Gickerl, eine aufgeschmalzene Brotsuppe oder Dampfnudeln mit Vanillesoße immer noch genügend Anhänger, aber genauso viele Liebhaber gibt es inzwischen für ein T-Bone-Steak mit Folienkartoffel, für Gyros mit Tzatziki, Pizza oder Spaghetti, Kanton-Ente oder Curryhuhn, scharf-sauer Suppe oder Frühlingsrolle. Eine regelrechte multikulinarische Gesellschaft hat sich im Rottal gebildet, wer's nicht glauben mag, sollte sich einmal in einer der zahlreichen italienisch, griechisch, chinesisch, französisch, gut-bürgerlich-bayerisch oder international kochenden Gaststätten umsehen. Pluralität ist Trumpf, und das ist gut so! Wenn ein Einheimischer heute seine Frau oder Freundin ausführt, dann landen sie oft beim Italiener, Griechen oder Chinesen. Urlauber und Kurgäste suchen sich eher ein Lokal mit traditioneller einheimischer Küche. Für jeden Geschmack hat das Rottal kulinarisch etwas zu bieten, da fehlt auch die arabische Küche nicht. Und all das ist möglich, ohne dass Land und Leute ihren typischen Charakter, ihre Individualität verloren haben.

Speis und Trank im Rottal – das ist erlaubte Lust und die herrliche Qual der Wahl!

DAS BÄDERDREIECK

Bad Füssing

Füssing war nicht nur das erste der Bäder im Dreieck, nach der Zahl der Gästeübernachtungen von jährlich etwa drei Millionen ist es auch das bei weitem größte. Üppige Blütenarrangements im Kurpark, eine Fülle von Veranstaltungen, großzügige Thermalbadelandschaften, vor allem die erfolgreichen Heilbehandlungen, die sich in ganz Deutschland herumgesprochen haben, machten Bad Füssing zum Pionier.

Architektonisch haben sich in Bad Füssing die Vorstellungen der sechziger Jahre niedergeschlagen, als man großzügig und weitläufig baute und sich nicht scheute, auch einmal in die Höhe zu gehen. Aber keine Silos und Wolkenkratzer! In Ostbayern kratzen sich die Wolken selber, wie ein bayerischer Politiker bemerkte.

Badekultur findet in den drei Thermen mit jeweils mehreren auf 27 bis 39 Grad temperierten Becken statt. Eine Reihe von Kurhotels und Sanatorien verfügt über eigene Thermalbadeanlagen, die von einem unterirdischen Leitungsnetz gespeist werden. Der »Wellnesstempel« ist längst ebenso gefragt wie die ambulante oder die Kompaktkur, die chronisch Kranke zur Selbsthilfe anleitet. Krankengymnastik- und Massagepraxis im Haus ist vielfach so selbstverständlich wie Sauna, Solarium, Schönheitsstudio. Auf Wunsch wird Schonkost und Diät gereicht. Spezielle Heilbehandlungen sind im Kurmittelhaus und im Johannesbad möglich. Neben den Kurhotels mit viel Komfort (Kategorie 2-3) stehen preisgünstigere Ferienwohnungen und Pensionen im Ort und in den umliegenden Ortschaften zur Verfügung. Ein Bewegungsbad in den kommunalen Thermen ohne medizinische Kontrolle ist schon unter 15 DM zu haben, mit Sauna für etwas über 20 DM. Mit der Zehnerkarte für Privatzahler mit Kurkarte kann man auch zwischen den drei Thermalbädern pendeln.

Erfolgreiche Patiententests

Grundlage der Erfolgsgeschichte Bad Füssings waren die wissenschaftlichen Untersuchungen der Thermalquelle durch das Balneologische Institut der Universität München. Nach einer vielversprechenden Analyse und Tests an rund 1000 Patienten gab das Institut unter Leitung von Prof. Heinrich Drexler 1953 ein Gutachten über die klinischen Erfolge und therapeutischen Möglichkeiten heraus: Mineralstruktur, Wärme und Auftrieb, so das Ergebnis, wirkten sich nicht nur bei rheu-

matischen, sondern bei allen, auch altersbedingten Erkrankungen des Rückens und am Bewegungsapparat günstig aus.
Die bayerische Staatsregierung zeigte dennoch keine Neigung, die Entwicklung eines Heilbads zu fördern. Zu den fünf defizitär arbeitenden Staatsbädern wolle man nicht noch ein sechstes unterstützen. Ähnlich wie später in Griesbach und Birnbach wurde ein Zweckverband ins Leben gerufen, der die Lasten auf Kommune, Landkreis und Staat verteilte. Es ging ja nicht nur um den Aufbau von Badeanlagen, sondern um die gesamte Infrastruktur eines Heilbades in einer wenig entwickelten Region.
Die Ärztefamilie Zwick ließ eine eigene Quelle (Therme III) erbohren und baute mit der Johannesbad Reha Kliniken AG ein medizinisch erfolgreiches Sanatorium auf. Zu den 4500 m² Wasserfläche des Johannesbads gehört auch ein Wellenbad und das Gesundheitszentrum.
Seit 1969 ist Füssing als Heilbad staatlich anerkannt. Nur noch die Europa Therme (ehemals Therme II) operiert unter der Regie des Zweckverbands, das Kurmittelhaus Therme I wird seitens der Kommune von privat gepachtet.

Erste Orientierung

Die Kurhotels, Sanatorien und Pensionen stehen zylindrisch um den Kurpark gruppiert. Dort kann

Die Kurgärtnerei von Bad Füssing beschäftigt fast 20 Gärtner, die dafür sorgen, dass es im Kurpark nicht nur im Sommer üppig grünt und blüht.

Die Europa Therme Bad Füssing verfügt über einen 120 m langen Strömungskanal, vier Thermalhallenbäder und und ein »Saunaparadies«.

man sich wie in Baden-Baden und Bad Pyrmont fühlen: Blumen über Blumen, ausladende Baumkronen, Brunnen, geschützte Winkel und Bogenbrücken über kleine Gewässer, Cafés. Die Bocciabahnen und das Schachspiel im Freien sind gut besucht.

Bauernhausmuseum am Kurpark

Am Rand des Kurparks zeigt das Rottaler Bauernhausmuseum in einem Original-Holzhaus von etwa 1600 aus der Pockinger Heide, dem »Bruckmann-Haus«, eine komplett eingerichtete Bauernstube, Bauernküche, Webstuhl sowie die wohl einzige »Fischereistube« Niederbayerns. Bau und Einrichtung veranschaulichen, wie die Menschen im frühen 19. Jh. wohnten und arbeiteten. Im Heilkräuter-Garten erfährt man auf Täfelchen, welchem Zipperlein die Kräuter abhelfen (Di-Fr 15-18 Uhr, Sa/So 10-12 und 15-18 Uhr).

Kurhaus und Spielcasino

An den Park schließt sich das große Kurhaus an und gleich dahinter, mit separater Zufahrt, das Spielcasino, beide entworfen vom renommierten Münchner Architekten Alexander von Branca.
Im eleganten Kurhaus ist während der Saison – und die reicht in Bad Füssing vom Frühjahr bis weit in den Herbst – fast jeden Tag Programm, Vorträge von Ärzten, Töpferlehrgänge, Tanztee, Volkstheater und Konzerte. International renommierte Orchester und Solisten aus Oper, Musical und Schlager treten auf.
Von dem Bildhauer Dominik Dengl aus Malching am Inn stammt der Halbkreis bronzener »Glücksraben« dem Casino-Foyer gegenüber. Ein Rabe hält den Jeton in der Hand, ein anderer im Schnabel. In ihrer Mitte ein Wasserspiel: 15 Minuten – eine Zigarettenlänge nach aufregender Partie – dauert es, um eine Kugel langsam abtauchen zu sehen, bis sie scheinbar ganz verschwindet. Unverhofft, wie das Glück, taucht sie wieder auf …
Die Alleen im reich begrünten Bad Füssing sind von Fuß- und Radwegen gesäumt. Mehrere Fahrradverleihs bieten ihren Service an. Ein freistehender Glockenturm führt zur katholischen Pfarrkirche Heilig Geist, deren Architektur räumliche Weite und ein schützendes Dach symbolisiert. Die Kreuzweg-Holzstiche fertigte Marlene Reidel, Tabernakel und Taufstein in Bronze Karl Reidel. Hier wie auch in der evangelischen Christuskirche finden Orgel- und Orchesterkonzerte, Bläserserenaden, in der Adventszeit Chornachmittage statt.

Spielcasino Bad Füssing

Die Bayerische Spielbank Bad Füssing, ein staatliches Unternehmen, verfügt über 80 Automaten und für das Große Spiel im ersten Stock über vier Spieltische französisches Roulette, einen Tisch American Roulette, einen Tisch Black Jack und einen Tisch Poker.
Das Casino steht am Rande des Kurparks (eigene Tiefgarage). Vom Galerie-Café/Restaurant kann man ab 15 Uhr dem Großen Spiel zusehen, muss aber Eintritt bezahlen. Wer für das Abendessen einen Tisch vorbestellt (Tel. 08531-97790), kann ohne Eintrittskarte passieren – im Sakko wohlgemerkt und mit Krawatte, die Damen in entsprechendem Outfit. Rauchen im Casino gestattet. Bar im Spielsaal des Großen Spiels.
Geöffnet alle Tage außer an hohen kirchlichen Feiertagen und dem 1. Mai, ab 12 Uhr für das Kleine Spiel (Automaten im Erdgeschoss), ab 15 Uhr für das Große Spiel, bis 2 Uhr früh, freitags und samstags bis 3 Uhr. Es ist ratsam, den Ausweis mitzuführen.

Die Wände der Christuskirche hat Christian Ludwig Attersee mit Bildern zur Legende geschmückt. Gottesdienste und Seelsorge s. die Kurzeitung.

Gesundheit nach Maß im Bad Füssinger Kurhotel

Bezeichnet sich ein Kurhotel als Sanatorium, darf der Gast mit ärztlicher Betreuung im Haus und einem Nacht-Notdienst rechnen, mit Thermalbadeanlagen und Kurmitteln wie Massage, Packungen und Krankengymnastik. Davon hat Bad Füssing eine ganze Reihe (s. die Broschüre der Kurverwaltung).
Spezialkurmittel im Sanatorium und im Kurhotel sind zum Beispiel Gefäßtherapie, Sauerstoff-Mehrschritt-Therapie, Heilfasten, Moorbad, Elektrotherapie.
Neben Sauna, Solarium, Dampfgrotte und dem Schönheitsstudio lockt der »Wellnesstempel« mit Rasulbad (orientalisches Dampfbad mit Algen- oder Heilerdepackung), Heublumenbad und Thalasso (Algenkur mit Bad, Packung, Hydromassage und Inhalation), dies etwa im **Thermen-Vital-Hotel »Am Mühlbach«** mit Sanatorium, Tel. 08531-2780;
Internet: www.muehlbach.de
Entspannungsübungen, Bio-Vitalküche und Musikabende offeriert das

Bei Temperaturen unter Null gerät die Brunnen-Installation von Dominik Dengl im Kurzentrum zur Eisskulptur.

Kurhotel Falkenhof,
Tel. 08531-9743;
Reiki (Energiebalance) und Shiatsu (Meridianbehandlung) sind neben Wellness-Einrichtungen im **Privatsanatorium Mürz** möglich (Tel. 08531-9580;).
Der Gast kann wählen zwischen einem ruhigen Haus oder aber einem Hotel mit Bar, Livemusik, Tanz und Showeinlagen wie im **Club-Hotel Juwel** (Tel. 08531-22690). Preise auf Anfrage.

Thermalbäder im Hotel

Thermalbäder mit elegantem Ambiente findet der Gast im 4-Sterne-Haus **Parkhotel,**
Tel. 08531-9280;
Internet: www.parkhotel.stopp.de
Ein 4-Sterne-Haus für gehobene Ansprüche ist auch das **Kurhotel Holzapfel.** Gourmet-Restaurant und Bademantelgang zur Therme I (Tel. 08531-9570;)
Internet: www.hotel.holzapfel.de

Viel Komfort und eigene Thermalbäder, Tagesbar und Galaabende, alle Vorteile des Sanatoriums in Verbindung mit Schönheitsfarm, Friseur, Sauna – dazu attraktive Wochenpauschalen – sind im **Kurhotel Wittelsbach** zu haben, 4 Sterne (Tel. 08531-9520), ⌂⌂⌂
Internet: www.kurhotel-wittelsbach.de
Einerlei wieviele Sterne, Gastlichkeit in Bad Füssing ist stets familiär, herzlich – »Wohlfühlhotel« nennt man das hier. Das Angebot an Ferienwohnungen und Pensionen garni ist nicht nur im Ort, sondern auch in der Umgebung sehr vielfältig. Hier wohnt man individuell und vor allem günstiger: ⌂ und ⌂⌂. Man kann Pauschalarrangements vereinbaren.

Hightech-Kur und China-Medizin

In Bad Füssing geht man neben der traditionellen Kur neue Wege der Heilbehandlung, eine Kombination von Badekultur, westlicher Medizin und östlichen Heilweisen. Stärkung der Persönlichkeit, das Wiederfinden der Mitte bringt man in allen drei Kurorten mit dem Heilerfolg in Zusammenhang. Der Quell der Persönlichkeit scheint unerschöpflich. Anti-Aging lautet die Devise.
Das **Kurklinikum Johannesbad** (Therme III) hat eine Reihe von Kuren mit Modellcharakter entwickelt. Im Mittelpunkt der Rehabilitationsmaßnahmen stehen nach wie vor entzündlich-rheumatische Erkrankungen, Verschleißerscheinungen der Gelenke und Wirbelsäulenleiden. Computer-, Ultraschall- und videogestützte Diagnosesysteme begleiten die Kur, so dass die Behandlung jederzeit variiert werden kann. Was die Osteoporose (Knochenschwund) angeht, so geht man hier davon aus, dass sie in jedem Stadium zu stoppen sei.
Ein weiteres Modell ist die Unter-

Das Bruckmann-Haus, ein Original-Holzhaus von etwa 1600, jetzt Bauernhausmuseum am Rande des Kurparks.

wasser-Gehschule zur Reha-Ergänzung nach Beinoperationen, Amputation und schweren Gelenkserkrankungen. Für Kinder mit Haltungsschäden wurde eine Rückenschule konzipiert. Die Handwerkerkur berücksichtigt die speziellen Belastungen in handwerklichen Berufen. Deutschlands derzeit größtes Zentrum für Traditionelle Chinesische Medizin (TCM) etablierte sich mit einer 80-Betten-Klinik im Johannesbad. Der leitende chinesische Arzt ist Facharzt für Orthopädie. Therapiert werden Krankheiten, bei denen westliche Heilmittel an ihre Grenzen stoßen: chronische Schmerzen, Migräne, Magen-Darm-Beschwerden, Allergien, Nervenleiden, Schlafstörungen, Heuschnupfen, Asthma und chronische Erkrankungen am Bewegungsapparat. Auch dies, wenn man so will, ein Modell: 5000 Jahre alte Erfahrungsmedizin macht sich die Heilwirkung hiesiger Thermalquellen zunutze. Zu den Patienten zählen auch Kinder und Kleinkinder mit Entwicklungsstörungen oder einer der oben genannten Indikationen.
Die Patienten und Gäste des Johannesbads wohnen in komfortablen Zimmern und in den benachbarten mehrstöckigen Appartmenthäusern.

Bocciabahnen, Schach- und Damespiel im Kurgarten und Freizeitpark stehen den Gästen kostenlos zur Verfügung.

Johannesbad Reha-Kliniken AG,
94072 Bad Füssing,
Tel. 08531-230, Fax 232986,
für TCM 08531-232791,
für die Wohnanlage Hochrainstraße 47, Tel. 08531-2091 und -2092, Fax -29801.

Auskunft

Broschüre mit Zimmernachweis und allen Informationen zu den Unterkünften erhältlich bei der Kurverwaltung, Rathausstr. 8, 94066 Bad Füssing, Tel. 08531-975580, Fax 21367, freecall 0800-8854466; E-mail:
tourismus@bad-fuessing.btl.de
www.btl.de oder
www.bad fuessing.de
Infos und Zimmervermittlung auch unter Tel. 08531-975540 und -975541

ESSEN GEHEN

Aus der Fülle der Restaurants und Gaststätten, Cafés und Biergärten, die die Gäste Bad Füssings bewirten, hier einige Tipps und Adressen. Attraktive Ausgehmöglichkeiten in den Nachbarorten, u.a. in Würding und Aigen am Inn, sind im Teil »Die Ferienregion: Sehenswürdigkeiten von A–Z« aufgeführt. Es lohnt sich, selber die Probe zu machen – die Gastronomieszene ist in Fluss.

Die Cafés, ob in der Stadt oder bei den Thermalbädern, bieten günstig einfache Gerichte der heimischen wie der überregionalen Küche (teils Abo-Preise) an – ca. 10 bis 15 DM. In den ländlichen Gaststätten dominiert bodenständige Kost von der schlichten Brotzeit (Schinken-, Wurst- oder Käseplatte, Wurstsalat mit Essig und Zwiebeln) bis zum regulären Menü. Die Karte variiert je nach Saison von Spargelgerichten bis zu Flugente und Wild im Herbst.

Fast immer zu haben und preiswert sind Krenfleisch (Suppenfleisch mit Meerrettich und Kartoffeln), ein wenig teurer der Schweinebraten mit Knödel oder Bauerngeräuchertes, Sommergemüse der Region oder Salat (meist vom Büffet) als Beilage.

Eine Spezialität, die man sich nicht entgehen lassen sollte, ist »Erdäpfelkas«: pürierte gekochte Kartoffeln – wenn frisch geerntet, am besten – , gewürzt mit Zwiebeln, Salz, Pfeffer und mit Süß- und Sauerrahm angerührt. Dazu schmeckt Gegrilltes.

In der Hauptsaison sollte man für

Das Café am Kurhaus.

das Abendessen den Tisch vorbestellen. Die folgenden Adressen sind Tipps der Autorin, die nicht repräsentativ sein wollen.

Holzapfels Restaurant: Gourmet-Restaurant in behaglich-stilvollem Ambiente. Hier ist ein Koch aus Leidenschaft am Werk, der sich auf die bodenständige bayerische Küche versteht, aber auch die internationale Küche zur Geltung kommen lässt. Gerühmt wird die große Bandbreite der Fleischgerichte und der fangfrisch zubereitete Fisch. Auch vegetarische Kost. Hervorragend die Desserts und das »Käsebrett international«. Thermalbadstraße 5, Tel. 08531-957180, tägl. 11-23 Uhr, warme Küche bis 22 Uhr.
S'Palmengärtchen: Das Café-Restaurant an der Thermalbadstraße ist geschmackvoll eingerichtet und führt neben Fleischgerichten und originellen Fischzubereitungen auch Mehlspeisen und eine Reihe kleiner Gerichte für Kalorienbewusste, Tel. 08531-29214, tägl. 10-23 Uhr.
Gran Sasso: Wer die italienische Gastlichkeit bevorzugt, ist hier gut aufgehoben. Lachs in Calvados-Soße, Austern in Olivenöl, aber auch das Kalbsfilet sind ein Gedicht. Pizzas ofenfrisch, große Auswahl an Nudelgerichten, Fleisch- und Fischspeisen. Sonnenstr. 2, Tel. 08531-21521, tägl. 11-23.30 Uhr.
Sirtaki: In der Nachbarschaft des Johannesbads liegt das griechische Säulenrestaurant mit Terrasse und Parkmöglichkeit am Haus. Grillgerichte, Lamm- und Kalbsbraten, dazu Fisch in vielerlei Varianten. Vorzügliche Weine aus dem Heimatland des Wirts.
Inntalstr. 50, Tel. 08531-24119, tägl. 11-14.30 und 17-23 Uhr.
Steak-House Safferstetten: Bachstr. 37: Schnitzel, Schweinshaxe oder Hüft- und Nackensteaks zum günstigen Preis. Warme Küche 11-13.30 und 17-22 Uhr (Di Ruhetag).
Tel. 08531-92690.
Schlosstaverne Riedenburg: Richtung Würding an der Inntalstraße 26 liegt dieses Lokal mit Biergarten unter Kastanien, an warmen Sommerabenden spielt die Musik auf.
Tel. 08531-92470, tägl. 9-23 Uhr, im Winter Mi Ruhetag.
Bierklinik: Waschechte Kneipe mit zahlreichen Biersorten, frisch gezapft. Goethestraße 8, Tel 08531-21456, ab dem späten Vormittag bis abends.
Für den Abend empfiehlt sich das **Tanzcafé Apollo,** Hofgartenweg 4, Tel. 08531-21912, zum Tanztee am Nachmittag das **Kurhaus-Café.**
Auch das **Café Wien** hat eine kleine Tanzfläche.
Etwas außerhalb in Kirchham steht mit dem **Salettl** ein typisches bayerisches Wirtshaus mit halb überdachtem Biergarten und

Kegelbahn, in dem die Einheimischen einkehren.
Haslinger Hof: der für Bädertouristen um- und ausgebaute Vierseithof mit mehreren Restaurants, Brauchtumsveranstaltungen, Tanzstadl und Ladengeschäften in neubayerisch holzgetäfeltem Ambiente (08531-2950, Veranstaltungsfax: 295266).

WAS SONST NOCH WICHTIG IST

Aktivprogramm: Kurbegleitend laufen neben Arztvorträgen die Rückenschule, Tai Chi Chuan (Koordinations- und Entspannungsübungen), Atemheilgymnastik, Yoga in sanfter Form, Autogenes Training, An- und Entspannung nach Jacobsen, Ernährungsberatung, Frühgymnastik sowie ein «Gesundzeit«-Programm mit Sport, Fitness und Kultur. Auskunft: Kurverwaltung.
Bahnpauschale: Bad Füssing pauschal, Anfahrt mit der Bahn, sieben Übernachtungen inkl. Frühstück und täglichem Thermalbad. Buchung in der DB-Verkaufsstelle Bad Füssing, Tel. 08531-21908, und an jedem DB-Reise- und Touristikschalter in Deutschland. Direktverbindungen per Bahn ins Bäderdreieck s. Serviceteil.
Diät und Schonkost bieten viele Hotels, Cafés und Restaurants, Auskunft über die Anbieter bei der Kurverwaltung, Tel. 08531-975540 und 41.
Ballonfahrten mit »Ballooning Bavaria«, Tel. 08531-975540. Man sollte praktische Kleidung tragen und körperlich fit sein.
Behindertengerechte Quartiere: siehe Gastgeberverzeichnis. Rollstuhlverleih durch die Kurverwaltung, Vorbestellung erforderlich. Tel. 08531-975540 und -41.
Golfsport: nächstgelegener 18-Loch-Platz in Sagmühle bei Bad Griesbach, 15 km entfernt. Anm. Tel. 08532-2038, Fax -3165. Golf in Bad Füssing im Aufbau.
Hunde im Hotel auf Anfrage. Im Ortsbereich nur an der Leine, kein Zugang zu Kur- und Freizeitpark.
Kindergarten, Tagesstätte und **Spielplätze** am Ort, Auskunft Tel. 08531-975540 und -41.
Märkte: Bauernmarkt am 1. Sonntag im Monat 11-16 Uhr Rathausplatz, am 3. Sonntag 13-17 Uhr Dorfplatz Würding.
Wochenmarkt Freitag vormittags Rathausplatz. Alle Märkte April bis Oktober.

MUSEEN

Rottaler Bauernhausmuseum am Rande des Kurparks (s.o.). Di bis Fr. 15-18 Uhr, Sa/So 10-12 und 15-18 Uhr.
Bernstein-Museum in der Heilig-Geist-Straße 2, Di-So 14-17 Uhr; u.a. das größte Schachspiel der Welt in Bernstein, steinzeitliche Schmuckstücke sowie Schmuck vom kaiserlichen Hof in Peking, tibetanische und mohammedanische Gebetsketten sowie

spinnwebfeine Ketten der Zuni-Indianer.

Lehrpfad/Gehege: Fischereilehrpfad im Thalauer Wald, Aigener Forst sowie im Bereich des Europareservats Unterer Inn bei Ering. Wildgehege mit Damwild und Mufflons am Freizeitpark und am Eichenhof in Wies.

Schiffsausflüge: Nostalgie-Schiffsreisen durch das romantische untere Inntal von Schärding nach Ingling (Passau) sowie Plättenfahrten. Prospekte bei der Kurverwaltung.

Sportlich aktiv: Angeln, Asphalt- und Eisstockschießen, Boccia, Frühgymnastik, Kegeln, Miniaturgolf und Pit-Pat, Reiten, Schwimmen im Erlebnisfreibad mit Volleyballplatz, Sportschießen, Tennis und Squash, Tischtennis. Einzelheiten bei der Kurverwaltung.

Mit den Johannesbad Reha Kliniken AG (Therme 3) hat die Ärztefamilie Zwick eines der medizinisch erfolgreichsten Sanatorien Deutschlands aufgebaut.

Wandern/Radwandern: Weit mehr als 1000 Leihräder stehen bereit, 430 km kombinierte Rad- und Wanderwege rund ums Bad. Geführte Radwanderungen März bis Oktober mittwochs 14 Uhr. Geführte Wanderungen freitags 14 Uhr, wenn das Wetter mitmacht. Radwandervorschläge s. u. S. 192 ff. Detaillierte Wander- und Radwegekarten bekommt man bei der Kurverwaltung.

Zum Mitmachen: Bridgenachmittage, Folkloretänze, Gymnastik, kosmetische Beratung, Malen und Töpfern, Tanztee und Busausflüge: Motto »Kunst und Geselligkeit«. Programm s. die »Kurpost«.

BAD GRIESBACH

Bad Griesbach: Thermal + Golf Resort

Bad Griesbach ist bekannt für eine breite Spitze von Kur- und Wellnesshotels und Europas größtes Golf Resort samt Golfakademie. In Bad Griesbach ist auch im Winter Golf- und Tenniszeit, Gelegenheit zum Eintauchen in die Dämpfe und Aromen des türkischen Bades. Eine Reihe von Spezialkliniken siedelte sich an. Einer der tausend Rottaler Hügel trägt den Namen »Badehügel«. Wie ein Sporn ragt er in die Auenlandschaft.

Auf 4 km schlängelt sich der Wanderweg von Bad Griesbach-Therme zur Altstadt Bad Griesbach, ein beliebter Spaziergang zwischen bewaldeten Anhöhen und Wiesen mit Aussicht weit ins Rottal hinunter. Stadt und Therme sind hier zwar räumlich getrennt, doch das Flair der kleinen Landstadt mit großer Tradition und der Komfort eines mit allen Schikanen ausgestatteten modernen Thermalbades ergänzen sich vorteilhaft. Wenn in der Altstadt Feste gefeiert werden, wenn in den Raunächten die Druden und Haberer auftreten, wilde Gestalten in Fellkleidern und Masken, dann stehen die kamerabewehrten Thermalbadgäste Spalier.

Griesbach war bis 1972 Kreisstadt, die Burg, bereits im 11. Jh. urkundlich erwähnt, war 700 Jahre lang Behördensitz.

Um 1100 residierten auf der Burghöhe die »Freien von Griesbach«, die wohl aus dem heutigen Österreich stammen. Später machte der Ortenburger Rapoto, zum Pfalzgraf aufgestiegen und von Kaiser Friedrich Barbarossa zum Ritter geschlagen, die Festung zu einem Mittelpunkt höfischen Lebens. Nach seinem Tod übernahmen die Landshuter Herzöge den Besitz. Die Burg wurde Verwaltung und Richtersitz für ein Gebiet, das dem späteren Wittelsbacher Bezirksamt entspricht.
Im 20. Jh. gingen daraus Amtsgericht, Landratsamt und Finanzamt Griesbach hervor. Die Burghöhe am Westhang der Stadt beherbergt noch die wenigen verbliebenen Ämter. Einige Gebäude sind viele Jahrhunderte alt. Die Stadtmitte in ihrer heutigen baulichen Anordnung eines langgestreckten Platzes steht seit dem 16. Jh., aus dem Brunnen haben einst die Anwohner ihr Wasser geschöpft.

1972: Karriereknick für Griesbach

Griesbachs Karriere als Verwaltungssitz endete 1972 mit der kommunalen Neugliederung Bayerns. Es verlor seinen Status als Kreisstadt, damit auch viele Arbeitsplätze und wurde Teil des Landkreises Passauer Land. Außer reichlich Grund und Boden gab es keinerlei Anreiz für Investitionen und eine gesunde wirtschaftliche Entwicklung. Griesbach liegt an einer alten Nord-Süd-Handelsverbindung und war bevorzugter Rastplatz, wo die Pferde gewechselt wurden. Das »Gasthaus zum Löwen« nahm die Durchreisenden auf. Die Höhenlage mit dem Steinkart-Waldgebiet im Hintergrund zog schon früh die Sommerfrischler an.
Aus Sorge um die wirtschaftliche Zukunft der Stadt nach dem Verlust des Landratsamts wurde der Plan geboren, an diese Tradition anzuknüpfen und eine Bohrung niederzubringen. Sollten wie in Bad Füssing die heißen Quellen sprudeln, wollte man ein weiteres Thermalbad begründen.
Die ersten beiden Bohrungen verliefen enttäuschend. Man stieß zwar auf Thermalwasser, aber es war nicht warm genug. Endlich, am 6. Dezember 1973, dem Nikolaustag, stieg 60 Grad heißes Wasser an die Oberfläche und die balneologische Analyse bestätigte: bestes Mineralwasser mit medizinischer Anwendbarkeit.
Risiko und Kosten der Bohrung

TIPP: Steinzeit-Geräte

Faustkeile, Schaber, Blattspitzen, Handbeile und andere steinzeitliche Geräte aus Grabungsfunden der Umgebung sind nach tel. Anm. zu besichtigen bei Irmgard Friedl in Reutern, Thalhamerstr. 9, Tel. 0 85 32-81 95.

trug die Unternehmerfamilie Hartl allein, nachdem alle anderen möglichen Träger, auch die Stadt, abgesprungen waren. Einen Partner fand sie in Dr. Hans-Karl Fischer, Chefarzt am Passauer Stadtkrankenhaus. Gemeinsam gründeten sie die »Schwaimer-Summerhof-Bohrgesellschaft« mit Rechtsanwalt Alois Hartl als Geschäftsführer. Zwei renommierte Architekten, Alexander von Branca und Otto Hofmeister, verwirklichten für das Thermalzentrum das Konzept des landschaftsgebundenen Bauens – eine Art Landhausstil mit mediterranen Elementen.

Gesund werden – schön bleiben

Der Freistaat erkannte Griesbach als Luftkurort an, die Bezeichnung Bad folgte wenig später. Mit Steigenberger als Vertragspartner entstand das erste Luxushotel: »König Ludwig«, benannt nach Bayerns Märchenschlösser-König Ludwig II. (jetzt »Hartl's KL«). Später lösten kleinere Zusammenschlüsse das Steigenberger-Arrangement ab: die Hartl Resort Hotels, »die bequemen Sieben« und die Asklepios-Gruppe.
Die Kombination von Gesundheit, Schönheitspflege und Fitness im Luxushotel mit eigenen Thermalbadeanlagen wurde mehrfach verwirklicht, vor allem im »Maximilian«. Tennis, Golf, Reiten, Wandern, Joggen – und natürlich Baden! Griesbach wurde auch zum alljährlichen Treffpunkt der Ballonfahrer (siehe Foto S. 6/7). Spitzensportler und Olympiateilnehmer reisen zum Relaxen an. Am Osthang der Altstadt und in der Umgebung vermieten eine Reihe von Pensionen und Privathäusern. Die hoteleigenen Thermalbäder werden durch öffentliche Thermalanlagen ergänzt.

Das Konzept: Hotel & Golf Resort

»Auf der einen Seite wollen wir Kranken helfen, ihre Beschwerden lindern, auf der anderen Seite all jene ansprechen, die bei einem Ferienaufenthalt das gesundheitliche Interesse mit sportlichen Aktivitäten oder Regeneration verbinden: Hier lautet das Thema: Gesund bleiben und fit werden.«

Alois Hartl, Hartl Resort Hotels

Erste Orientierung

Vom Parkplatz am Badehügel ist man in wenigen Minuten im Thermalzentrum mit den Tiefgaragen für die Hotelgäste. Die Fontänen vor dem Golfhotel Maximilian, elegante Geschäfte, das Infozentrum und die ökumenische Rundkirche empfangen den Besucher. Die Architektur wirkt südlich beschwingt, die Kirche im Inneren mutet wie eine Arena nach dem

Die Grottenschwallbrause massiert den Rücken und die verspannte Nackenpartie.

Vorbild mittelmeerischer Freilichttheater an. Die Apsis hat Oskar Koller in lichten Orangetönen ausgemalt, die drei Figuren von Waldemar Otto beziehen sich auf die Emmaus-Geschichte im Lukas-Evangelium 24. Auch die ökumenische Stephanskapelle am östlichen Badehügel, eine weitere Rundkirche, lädt zur Einkehr ein. Durch einen Torturm betritt man den weiten Platz mit Aussichtsterrasse. Straßencafés, kleine Läden und der Franziskusbrunnen von Karl Reidel beleben ihn, am Spätnachmittag die Klänge des Kurkonzerts. Das weitläufige Thermalzentrum mit Hotels, dem Kurhaus für Veranstaltungen und der Freiluft-Schachanlage beginnt ein paar Schritte höher. Immer wieder passiert man kleine Geschäfte, Cafés, Gaststätten.

Massage zu vier Händen, Gourmet-Diät und andere …

Das Kurmittelhaus bietet die ganze Palette therapeutischer Anwendungen: Gymnastik, Fango, Massage und Lymphdrainage, Inhalation und Elektrobehandlung, Unterwasser-Bewegungsübungen und -massage. Neben der ambulanten bietet auch Bad Griesbach die »Kompaktkur« an, die Ernährung, Entspannungsübungen und Selbsthilfetraining einbezieht, daneben die Kneipp-Thermalkur. Die Bäder sind von 37° bis zum 29°-Schwimmerbecken temperiert. Grotten-Schwallduschen massieren die Nackenpartie. Es gibt ein Kneipp-Tretbecken und die baumgeschützte Liegewiese am Südhang.

Erholung fürs Auge: Blick von der Höhenwiese im Thermalzentrum auf dem »Badehügel« in die reich gegliederte hügelige Flusslandschaft des Rottals.

Das Türkische Bad Hamam

Die Alternative: das türkische Bad! Im »Hamam« wird dem Gast das Pestemal, ein Lendentuch, gereicht, das nach Belieben höher oder tiefer um den Körper geschlungen wird. Man nimmt einander durch Dampf wahr, durch Aromen und über Becken, die Inseln gleichen. Ob mit oder ohne Seifenmassage des »Badeknechts«, im Dampf auf Fliesen ruhend und optisch im Orient, gedeihen Gespräche und Muße. Bis 21 Uhr ist geöffnet.

Von Stress befreit die Ayurveda-Vitaltherapie im Seitentrakt des Hotels Maximilian (vom Vorplatz zugänglich). Das Sanskrit-Wort *Ayurved* der altindischen Heilkunst steht für »Wissen vom Leben«. Ziel ist, Giftstoffe auszuschwemmen, die Selbstheilungskräfte des Körpers zu aktivieren und das individuelle Gleichgewicht von Körper und Seele wieder herzustellen. Yoga und Atemübungen ergänzen die vierhändige Ganzkörpermassage, Ölguss und Gourmet-Diät. Als Indikationen gelten Stress, Rheuma, Verdauungsprobleme, chronische Schmerzen und psychische Störungen – man genießt die totale Entspannung. Auskunft Tel. 08532-795590, Fax -795151.

Um den Südhang des Badehügels dehnt sich der Kurwald. Am Ende ist eine Höhenwiese mit Blick in benachbarte Täler erreicht. Man greift sich einen der Stühle und genießt die Aussicht.

Vom Fünf Sterne-Hotel bis zum »Kurcamping«

Die Spitzen-Hotels verfügen über eigene Thermalbäder. Vielseitigkeit des Pflegeangebots findet sich aber auch in preisgünstigeren Kategorien. Häuser ohne eigenes Thermalbad sind durch unterirdische Bademantelgänge mit den kommunalen Kureinrichtungen verbunden. Manchmal teilen sich zwei Hotels ein Becken. Die großen Hotels bieten alle Möglichkeiten der Schönheitspflege und des Fitnesstrainings.

Hartl's KL (»König Ludwig«), 5 Sterne, 1000 m^2 große Thermalbadelandschaft samt Poolbar, ein Sporttherapeut betreut die Fitness-Programme. Eigene Tennishalle und ein High Tech Tennis College. Im Hotel, das regelmäßig zum »Heurigen« mit österreichischen Spezialitäten einlädt, tagt auch der Bridge-Club und wer das Spiel lernen möchte, findet einen Lehrer.
Am Kurwald 2, 94086 Bad Griesbach, Tel. 08532-7990; ⌂⌂⌂
E-mail: koenig-ludwig@hartl.de
Maximilian: in erster Linie Golfhotel (5 Sterne), wartet mit Extras wie Naturheilverfahren und Ayurveda auf, Thermalbad und Süßwasser-Freibad. Mehr darüber im Golf-Kapitel S. 75.
Tel. 08532-7950; ⌂⌂⌂
Parkhotel: (4 Sterne) Ähnlich komfortabel, ähnlich vielseitig; im Landhausstil erbaut; mit integrierter Privatklinik (beihilfefähig), neu die pulsierende Signaltherapie (PST), eine in den USA entwickelte Methode zur eingriffsfreien Behandlung von Gelenken, Wirbelsäule und Nacken. ⌂⌂⌂
Italienische Küche im Restaurant »Classico«.Tel. 08532-280
E-mail: parkhotel@hartl.de
Hotel Fürstenhof, hoteleigene Thermenlandschaft, mit Fischspezialitäten in der »Fürstenstube«. Tel. 08532-9810; ⌂⌂⌂
E-mail: fuerstenhof@hartl.de
Columbia Hotel Griesbach oberhalb der Altstadt, eigenes Thermalbad mit allen Einrichtungen. Tel. 08532-3090; ⌂⌂⌂
E-mail: griesbach@columbia-hotel.de
Zu den vielseitigen Hotels und Appartmenthäusern gehören auch das **Haus Residenz** (3 Sterne), Tel. 08532-7080, neben anderen Extras Autogenes Training und Yoga,
E-mail: info@wunsch-hotel.de
sowie der **Birkenhof** (3 Sterne, Tel. 08532-7030; beide veranstalten Musik- und Tanzabende. ⌂⌂
E-mail: birkenhof-griesbach@t-online.de
An der Burghöhe, nahe Naturpark, mit Thermalbad und vielen Extras, verwöhnt das **Schlosshotel,** Tel. 08532-/7000, ⌂⌂
Auf dem Badehügel oder in der Altstadt und Umgebung findet der Gast jede gewünschte Unterkunft. Darunter sind sehr preisgünstige Quartiere (⌂ und ⌂⌂). Vom Gasthaus über die Privatpen-

Der Franziskusbrunnen von Karl Reidel und Hotelfassaden des großzügig angelegten Thermalzentrums.

sion und Ferienwohnung bis zu Ferien auf dem Land und »Kurcamping« ist jede Variante möglich. Ein Bus pendelt zwischen Altstadt und Thermalzentrum. Vielseitig die Pauschalen: Motto Schönheit und Fitness, Wochenpauschale und Wellness-Wochenende, Badespaß im Winter, zu Weihnachten und Silvester.

Auskunft

Kurverwaltung, Stadtplatz 1
94086 Bad Griesbach
Tel. 08532-79240 und -41, Fax -7614
Internet: www.badgriesbach.de
E-mail: info@badgriesbach.de

ESSEN UND TRINKEN

Hartl's KL: mehrere Restaurants; bayerische Küche, internationale Gerichte. Im elegant-rustikalen Ambiente des Heurigen-Lokals steht jeder Abend unter einem anderen kulinarischen Motto. Hax'n mit Meerrettich, Tafelspitz und Ripperl, Gulasch und zum Dessert Palatschinken. Weine aus den österreichischen Anbaugebieten. Stubenmusi unterhält die Gäste. Am Kurwald 2, Tel. 08532-7990, tägl. 16.30-24 Uhr.

Fürstenstube: Spezialitätenrestaurant im Hotel Fürstenhof. Dunkles Holz, hellblauer Samt und goldene Lüster stimmen auf ein gepflegtes Fischessen ein. Tageskarte wechselnd zum Thema Flussfische und Meeresfrüchte, Hummer, Forelle, Lachs, Barsch und Zander. Muschel- und Fischsuppe. Exzellente Weinkarte. Thermalbadstr. 28, Tel. 08532-9810, tägl. 18.30-21 Uhr.

Moststüberl: im Holzhaus an der Kurallee. Von der deftigen Brotzeit bis zum Feinschmeckermenü. Spezialität: Rottaler Bauernente, hausgemachter Most. Bei gutem Wetter wird auch auf der Terrasse gedeckt.
Tel. 08532-1705, 12-22.30 Uhr. Mi Ruhetag.

Café-Restaurant Lebzelter: Für den Gourmet und Weinfreund ein Geheimtipp. Elegant-rustikale Einrichtung, vielseitige Speisenkarte, nur frische Zubereitungen.

Seifenmassage auf dem heißen Stein im Türkischen Bad Hamam. Entspannung pur im Duft verdampfender Kräuter ...

Sparkassenstr. 6 (in der Altstadt), Tel. 08532-1330 und -3377, durchgehend; Mi Ruhetag.

Gutshof Uttlau: Im holzvertäfelten Ambiente eines Vierseithofes unweit des Golfodroms und der Plätze Uttlau, Brunnwies und Lederbach wird nicht nur für Golfspieler aufgetischt. Brotzeiten zum Bier, aber auch Lachsfilet in Kräuterbutter – die Karte ist reichhaltig.
Oberuttlau 9, Tel. 08535-1890, 10-23 Uhr, kein Ruhetag

Klosterhof St. Benedikt: in Asbach dem Badehügel schräg gegenüber Richtung Rotthalmünster, s.u. Asbach.

Landgasthof Winbeck: in Holzham zwischen Bad Birnbach und Bad Griesbach, ab B 388 Richtung Bayerbach-Holzham. Eine der

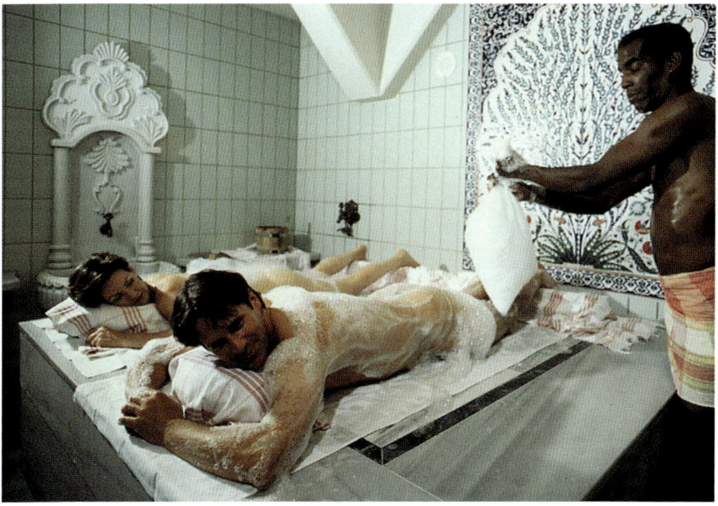

Das Kurmittelhaus ist von vielen Hotels über die Bademantelgänge erreichbar.

besten Adressen im Rottal für bodenständige Küche. Tägl. wechselnde Karte, auch Plinganser-Gerichte (s. S. 20/21).
Tel. 08532-7817 oder -7265; 7-24 Uhr; So Ruhetag. Zimmer mit Dusche und WC, ⌂ - ⌂⌂

Gasthof zur Mühle in Bayerbach, guter Tipp für die Einkehr von Ausflüglern, Familien, Radlern (auch Gästezimmer; ⌂ - ⌂⌂). Umgebauter Vierseithof mit Biergarten und Kegelbahn. Wechselnde Karte u.a. mit Schweins- und Kalbshax'n, Lüngerl mit Knödel, Zwiebelrostbraten und Sahnegeschnetzeltem, im Herbst Wildgerichte; Plinganser-Produkte. Mühlstr. 3, Tel. 08532-7803, 7-24 Uhr, warme Küche 11-24 Uhr, Do Ruhetag.

WAS SONST NOCH WICHTIG IST

Angeln: Angler mit Fischereischein können bei der Kurverwaltung oder im Kurcamping Dreiquellenbad eine Tageskarte für den Fluss Rott und verschiedene Teiche lösen. Fliegenfischen möglich.

Ballonfahrten setzen gute körperliche Verfassung und praktische Kleidung voraus. Preise und Buchung über Golfhotel Maximilian, Tel. 08532-795580, oder direkt beim Piloten Michael Wimmer, Telefon 08562-2184, Fax -2192. Auf Wunsch Alpenfahrten oder Mondscheinfahrt.

Bridge mit einem renommierten Lehrer im Hotel Hartl's KL, Tel. 08532/7990.

Fahrradverleih in einigen Hotels und Pensionen, s. Broschüre der Kurverwaltung.

FESTE:

Badfest im Kurgebiet; letzte Juniwoche mit Höhenfeuerwerk.

Lampionfest mit Tausenden von bunten Lampions an den letzten beiden Juli-Wochenenden. Gäste und Einheimische feiern zu Livemusik in der Altstadt.

Der **»Karpfhamer«,** Ostbayerns größtes volkstümliches Fest, jeweils von Freitag bis Dienstag an einem Wochenende Ende August/Anfang September in Karpfham an der B 388. Zuchtpferdeschau mit Turnieren, Samstag mittags wird der Zehnerzug vorgeführt; Wiederholung Sonntag

14 Uhr, aktuelle Plakate beachten. Den Schlusspunkt setzt Dienstag gegen 23 Uhr ein Höhenfeuerwerk (s.u. Karpfham).

Hunde sind in einigen Unterkünften willkommen und können im Kurwald mitgeführt werden. Im Steinkart wie in allen Wäldern Bayerns nur an der Leine.

Kutschfahrten unternimmt Adolf Fischer, der beim Karpfhamer Zehnerzug auf dem Kutscherbock sitzt. Nimmt auch Pferde in Pension. Tel. 08532-1376.

Märkte: Wochenmarkt Mi März bis Nov. in der Altstadt. Wichtigste Jahresmärkte: Frühjahrsmarkt am Palmsonntag und Herbstmarkt an einem Sonntag Mitte/Ende Okt. Zum Christkindlmarkt am ersten Adventswochenende zeigen die Druden und Haberer (s. S. 35) ihre lärmenden Tänze.

Messen und Kurseelsorge, s. Gästekurier

Sport: Tennisplätze und Freibad im Tal westlich der Altstadt.

Veranstaltungen: Kurkonzert nachmittags auf dem Kurplatz, Konzerte, Theater, Vorträge und Tanztee (15-17 Uhr) im Kursaal. Programm s. Gästekurier.

Waldlehrpfad: Die Parkplätze im Steinkart sind Ausgangspunkt für Ausflüge durch ein Waldgebiet im Norden der Stadt mit Felsabbrüchen imponierender Größe.

Das elegante Thermal-Hotel Columbia oberhalb von Altstadt Bad Griesbach mit allen Einrichtungen.

Europas größtes Golfzentrum

Größtes Thermalbäderzentrum Europas, größtes zusammenhängendes Golf Resort Europas – das ländliche Rottaler Bäderdreieck hat sich seine Superlative geschaffen. 1987 fiel die Entscheidung für das Thermal + Golf Resort. Die weitläufige Hügellandschaft bot den Golfplatz-Designern vielfältige Möglichkeiten. Ein attraktiver Turnierkalender, garniert mit vielerlei Events rund ums Jahr lockt die Golfer von weither ins Rottal.

Die Umwandlung großer traditionell landwirtschaftlich genutzter Flächen in Golfplätze hatte anfangs den Naturschutz alarmiert, auch die Landwirte mussten sich erst mit der Idee befreunden. Dann aber ist die Umwandlung unrentabler Äcker in eine Golfkonzeption sowohl der Natur als auch den betroffenen Landwirten zugute gekommen. Die Flächen wurden gepachtet oder angekauft. Ökologisch wertvolle Zonen sind der heimischen Kleintierwelt zurückgegeben:

Wiesen hat man nicht mehr gedüngt und mit ein- bis zweimaliger Mahd im Jahr renaturiert, Auen wurden geschützt, über 50 000 Bäume und Sträucher, die zur Hecken- und Dickichtbildung neigen, gepflanzt, Teiche angelegt. Bäche und Gräben hat man wieder in den ursprünglichen Zustand versetzt; auch Streuobstbäume wurden neu gepflanzt.
Für die Pflege der Spielflächen ist weit weniger Dünger erforderlich als etwa für Monokulturen wie Mais und Raps. Wanderwege führen um die Plätze herum. Mancher Landwirt hat einen Nebenjob als Platzwart oder Naturpfleger übernommen.

Golf in Bad Griesbach im Jahr 2000:

- vier 18-Loch-Meisterschaftsplätze
- drei 9-Loch-Plätze
- ein 6-Loch-Übungsplatz
- eine 6-Loch-«Hackerwiese«

Golf Hotel Maximilian. Das Fünf-Sterne-Hotel besitzt auch ein großzügiges Bad, Golfshop und Schönheitsfarm.

Der 18-Loch-Bernhard-Langer-Platz Brunnwies im Abendlicht.

Ein weiterer 18-Loch-Platz im Anschluss an Sagmühle wird voraussichtlich bis 2002 fertiggestellt. Zwei niederbayerische Vierseithöfe wurden in die Meisterschaftsplätze einbezogen: die Gutshöfe Uttlau (Originalhof) und Sagmühle mit erstklassigen gemütlichen Restaurants und Gästezimmern. Ansonsten laden Golfstüberl und Hütten die Golfer zur Rast.
Die Griesbacher Golfakademie variiert die Herausforderung für den passionierten Golfer auf vier Meisterschaftsplätzen, die alle ihren eigenen spielerischen und landschaftlichen Reiz haben. **Lederbach** besticht mit Schräglagen und starken Höhendifferenzen, während **Sagmühle** durch die Wasser- und Auenlandschaft des Flusses geprägt ist. Bei den schnellen Greens von **Uttlau,** teils flach mit kleinen Teichen, teils hügelig, scheint alles vom Putter abzuhängen. Langgezogene, flachere Hügel zeichnen **Brunnwies** aus, ein Platz, den Bernhard Langer nach dem Prinzip »schwierig, aber fair« gestaltet hat und der von Könnern mit Begeisterung bespielt wird.

Internationale Golfakademie

In Griesbach wird auch im Winter gespielt. Wenn nicht auf einem der Plätze, dann auf jeden Fall im Golfodrom, der riesigen-Übungsanlage mit einer kreisförmigen Driving Range, wo bis zu 300 Spieler gleichzeitig üben können. Die überdachten Abschlagplätze sind teils beheizbar, und das 27-Loch-Puttinggreen befindet sich in der Halle. Das Hartl Golf Resort Bad Griesbach verfügt über 8 Puttinggreens/152 Löcher, 4 Driving Ranges/160 400 m² sowie 6 Pitching- und Chipping-Areas mit 18 200 m². 37 Pros bemühen sich ganz individuell um die Kursteilnehmer.

Die Plätze sind auch ohne Nachweis der Mitgliedschaft in einem Club bespielbar. In den Schulferien (Ostern, Pfingsten, Sommer, Herbst) sind einwöchige Kinder- und Jugendlehrgänge für Anfänger und Fortgeschrittene angeboten (Kinder 6–10 Jahre, Jugendliche 11–15 Jahre).

Das Angebot an Kursen ist breit gefächert: Sie vermitteln in etlichen Varianten dem Golf-Einsteiger das Erlernen des Schwungs und kurzen Spiels sowie erste Proben auf dem Platz, Fortgeschrittenen die Verbesserung ihres Handicaps und selbst dem körperlich leicht Behinderten (etwa bei Rückenproblemen) Spaß am Golf mit speziell für ihn entwickelten Programmen.

Das Universal Golf Learning System wurde exklusiv in Zusammenarbeit zwischen der Technischen Universität München (Prof. Manfred Grosser) und dem Leiter der Griesbacher Golfakademie, Manfred Knauss, für Griesbach entwickelt, wobei man auch Meisterspieler und Physiotherapeuten zu Rate zog.

Beim System nach Grosser handelt es sich um ein auf die persön-

Blick vom Bernhard-Langer-Platz Brunnwies auf »Golfhof Brunnwies«, der 1999 von GOLF Digest auf Platz 9 unter den Top Ten der Golf-Gastronomien gewählt wurde.

liche Muskelkraft abgestimmtes Übungsprogramm im Einklang mit Kinästhesie (Erfühlen des Schlägerkopfes) und der Physik (Pendelverlauf des Schlägers).
Eine ganze Reihe von Turnieren begleitet die Saison, außerdem werden Gästeturniere veranstaltet.
Prospekte und Auskunft durch **Hartl Golf Resort,** Holzhäuser 8, 94086 Bad Griesbach,
Tel. 08532/7900, Fax 79045
Internet: www.hartl.de
E-mail: hartl-golf-resort@hartl.de

Golfhotel Maximilian: Das 5-Sterne-Hotel (⌂⌂⌂) gilt mehr denn je als Golfhotel, steht aber jedem Interessenten offen. Zu den Zimmern und Suiten mit Balkon gehört ein großzügiges Bad. Die Hotelhalle erstreckt sich über mehrere Ebenen. Neben der bayerischen wird auch die italienische Küche gepflegt. Zur Ausstattung gehören Thermalwasser, Whirlpool und ein Süßwasser-Außenbecken, ferner Sauna/Solarium, Fango, Massage, Fitnessräume. Naturheilverfahren und Ayurveda sind geboten, zur Schönheitsfarm gehört eine Boutique. Auf Wunsch Kinderbetreuung und Babysitting. Golfshop im Haus, das Timing kann bei der Zimmerbestellung gleich mitgebucht werden. Haustiere sind nicht erlaubt.
Pauschalangebote: Golf und Rückenschule, das »Health und Power System« im Medical Center, die Ayurveda-Vitaltherapie. Es finden Gastschulungen der Bernhard-Langer-Akademie statt. Mit dem Sporttherapeuten können Tennisstunden verabredet werden. Tennisplätze und Halle in Bad Griesbach.
Die »Events« im Golf Resort bringen Abwechslung in den Jahreslauf, von Januar bis Dezember ist immer etwas los. Vom Champagner- oder Austernabend bis zum zünftigen Hüttenessen, Ausflüge gehen nach Ortenburg oder ins Österreichische und warum nicht an einem schönen Wintertag das Golfgelände erwandern? Theaterabend, Stockschießen, Aschermittwoch-Fischessen oder eine Kutschfahrt, Grillnachmittage und Asamkirchen-Rundfahrt …
Shuttleservice zu den Golfplätzen, Transfer vom Bahnhof Karpfham, vom Bahnhof Passau und vom Flughafen München.
In den Hotels der Hartl Resort Gruppe kann der Gast Greenfee-Ermäßigung (Spielgebühr) in Anspruch nehmen: neben dem Maximilian auch im Hotel **Hartl's KL** (Tel. 08532/7990, im **Parkhotel** (Tel. 08532/280), **Hotel Fürstenhof,** (Tel. 08532/981-0) sowie im **Gutshof Uttlau** (Tel. 08535/1890) und im **Gutshof Sagmühle** (Tel. 08532/96140).

Golfhotel Maximilian,
Tel. 08532/795-0, Fax 79151
E-mail: maximilian@hartl.de

BAD
BIRNBACH

Bad Birnbach – das ländliche Bad

Im September 1973 sprudelte die Thermalquelle in Birnbach. Nach langwierigen Bohrungen war man in 1618 m Tiefe auf das heiße Wasser gestoßen. Ein neues Kapitel der Erfolgsgeschichte des Rottaler Bäderdreiecks begann: Aus einer sanierungsbedürftigen Marktgemeinde in einer strukturschwachen Region sollte in wenigen Jahren ein attraktives Thermalzentrum entstehen. Die weitsichtige Planung ermöglichte das Birnbacher Modell einer geglückten Verbindung von ländlicher Tradition und modernsten Anlagen der Badekur und Fitnessprogramme.

Der Markt Bad Birnbach hat die Bezeichnung »ländliches Bad« beim deutschen Patentamt als Dienstleistungsmarke schützen lassen – mit der Selbstauflage, die Zahl der Betten zu begrenzen und den ländlich orientierten Baustil zu pflegen. Die Vergangenheit des Ortes als Hofmark und Zentrum eines Pfarrsprengels seit dem Mittelalter wurde in das Konzept des seit 1973 neu errichteten Thermalbades eingebracht.

1673 schenkte Bayerns Kurfürst Ferdinand Maria das Gut Baron Caspar Freiherr von Schmidt, der alle umliegenden Güter aufkaufte und einen Staat en miniature aufzog – nicht zum Schaden Birnbachs. Über 30 Gewerbe siedelten

Das Aquarell von Graf Friedrich Casimir von Ortenburg zeigt die Hofmark Birnbach zu Beginn des 17. Jhs.: Schloss, Kirche noch mit gotischem Spitzturm, die Holzhäuser der Handwerker und Bauern.

sich an, darunter Kramer, Metzger und Hafner, Schmied, Schuhmacher und Schneider, Zimmerleute und Weber. Der Herzog genehmigte Frühjahrs- und Herbstmärkte, die mit ihren bis zu 150 Standlern bis heute zu den meistbesuchten der Gegend gehören.

Und bis in unsere Tage führt der sechsspännige Brauereiwagen aus adligem Besitz, nunmehr der Grafen von Arco-Valley, den Volksfestauszug an.

Ein Aquarell des Ortenburger Grafen Friedrich Casimir zeigt Birnbach, wie es zu Beginn des 17. Jhs. ausgesehen hat: ein Schlösschen, das einzige aus Stein errichtete Gebäude außer der Kirche, die damals noch den gotischen Spitzhelm trug, umgeben von den Hütten der Bauern – Wohnhaus und Stall in einem.

Wer durch das sanierte Dorf geht, findet eine Reihe unregelmäßig stehender Häuser mit weit überkragenden Dächern und Gasthäuser mit holzvertäfelten Wänden.

Das Gräfliche Hotel Alte Post ist bereits im 15. Jh. als Hofwirtstaverne erwähnt, war Umspann zur Poststation der Fürsten Thurn und Taxis und sah als Gasthof des unvergessenen Franz Xaver Unertl – MdB und Rottaler Original – viel politische Prominenz.

Gebeine des hl. Chrysanthus

Chrysanthus, der Blumenbekränzte, ist untrennbar mit Daria, der Löwenbändigerin, verbunden, die sich der Sendung des jungen Ritters anschloss. Beide legten das Gelübde der Keuschheit ab und wurden nicht zuletzt deswegen angefeindet und schließlich nebeneinander lebendig begraben. So berichtet es die Legende. Da seit dem Mittelalter oft genug Gebeine von Heiligen ausgetauscht und regelrecht verschachert wurden, hofft man in Bad Birnbach, dass wenigstens ein Knochen ihres Chrysanthus echt ist. Drei Jahrhunderte nach der Überführung der Gebeine wurde die Bad Birnbacher Thermalquelle »Chrysanti-Quelle« getauft.

Die Kirche im Dorf lassen …

Birnbach als Dorf und alte Hofmark nahmen die mit der Planung der Badeanlagen und der Infrastruktur eines neuen Kurbades beauftragten Architekten, Prof. Gebhard von der Technischen Universität München und das arc-Team von Münchner Architekten, heute mit Sitz in Hirschbach, als Ausgangspunkt und Maßstab.

Die am Hang oberhalb des Dorfes thronende Kirche Mariä Himmelfahrt ist Orientierungspunkt auch für die Besucher des Kurviertels. Das gotische Netzrippengewölbe und die schmalen hohen Fenster erinnern an die Bauzeit um 1465. Der Turm musste 1831 neu aufgerichtet werden, nachdem der alte einzustürzen drohte. 1695 wurden

Im Pavillon des Kurparks sprudelt die von Marmorlöwen umlagerte Thermalquelle.

unter Baron von Schmidt – Ehre für Pfarrei und Hofmark – die Gebeine des hl. Chrysanthus in die Kirche überführt.

Die Thermalquelle sprudelt sichtbar im kleinen Pavillon des Natur-Kurparks mit seinen hellblauen Säulen und dem weißen Gitterwerk. Als der Pavillon stand, wurden hie und Zweifel laut: Und das soll noch Rottal sein? Warum nicht? Im kunstreichen Rottal haben immer schon auch auswärtige Künstler gewirkt. Haben nicht italienische Architekten, Maler und Stuckateure Jahrhunderte hindurch bayerische Kirchen mitgestaltet? Das mediterrane Flair bekommt dem bodenständigen Rottaler Naturell gut. Bad Birnbach wirkt entspannt, heiter und der Pavillon ist längst zu einem beliebten Ort der Muße geworden. Um die Quelle lagern Marmorlöwen, gestaltet von Henrike Caspari, ausgeführt von der Firma Stein-Schwate, Bad Birnbach. Blumenwiesen, plätschernde Bäche, Seerosenteiche, Obstbäume am Pfad zur Flussaue mit ihren artenreichen Altgewässern. Dass vor kaum 30 Jahren hier noch Mais angebaut wurde, kann man sich nur schwer vorstellen.

Die Gebäudeanordnung des Rottaler Vierseithofs stand Pate bei so manchem Hotelgeviert mit Innenhofgarten, bei den Arkaden des neuen Marktplatzes und dem gläsernen Kurhaus, dem »Artrium« mit Dachbepflanzung. Niedrige Baukörper sind gruppiert um rechteckige Innenhöfe; mehr als zwei Stockwerke sind in Bad Birnbach nicht erlaubt; viel Grün zwischen den locker angeordneten Anlagen. Weiß verputzte Häuser mit Holzbalkonen, Terrassen mit Sonnenschirmen, Blumengärten, weit vorgezogenen Pult- oder

Giebeldächer bestimmen das Bild. Am Oktogon historischer Taufkapellen orientiert sich das gläserne Achteck des Therapiebads. Glas und Wildblumen sind eine Symbiose eingegangen – viele Elemente des Bauens und der Gestaltung, die dem Bad ein heiteres Flair verleihen.
Mit dem Konzept einer Verbindung von altem Dorf und modernen Kuranlagen, dem »ländlichen Bad«, gewann das arc-Designerteam den Städtebaupreis der Bank für Gemeinwirtschaft.

Wo die Jungbrunnen sprudeln

Wer Bad Birnbach kennt, weiß, dass »ländlich« nicht bedeutet:

Höher als zwei Stockwerke darf nicht gebaut werden. Zwischen den locker angeordneten Anlagen sprießt viel Grün.

wenig Komfort und gelobt sei, was hart macht. Mehrere Häuser verbreiten auch hier Thermalbadeluxus, andere verfügen über Süßwasserbäder, häufig auch über eine eigene Massagepraxis etc. Zwei Hotels sind durch einen unterirdischen Bademantelgang mit den Thermen verbunden: das Kurhotel Hofmark und der Chrysantihof. Weitere Kurhotels und Sanatorien wie der Sternsteinhof liegen in nächster Nachbarschaft. Die meisten Gäste jedoch streben unter freiem Himmel den Thermalbädern zu, genannt Rottal Terme (ohne »h« wie in Italien). Der Birnbacher Badebus verkehrt im Umland.
Die Besucher der Rottal Terme erwartet ein wahres Eldorado der Re-Vitalisierung bis hin zum hüllenlosen Baden im Thermensee

Entschlackung duch Heilschlämme bietet das Rasulbad.

des Vitariums (auch bei Mondschein) und der Mußestunde auf der abgegrenzten Hochterrasse, wo niemand außer der Sonne zuschaut.
Was Bad Birnbach auszeichnet, ist die Fantasie, mit der die heißen Quellen genutzt werden. Haut-Checkup, Durchblutungs-, Rücken- und Gelenkpflege werden in vielerlei Varianten geboten: vom Thermalschwimmbad bis zu orientalischen und westlichen Sauna-Varianten. Im wohligwarmen Thermalwasser meditieren, Saunen bei Licht- und Klangeffekten: Wellnessprogramme und Kuren im ländlichen Bad haben Konjunktur. Man sollte sich die gewünschten Termine sichern.

Therapie soll Spaß machen

Schwerpunkt der therapeutischen Behandlung sind Gelenkleiden, Rheuma und Wirbelsäulenerkrankungen. Dafür wurde das Therapiebad angelegt, mit Becken für Unterwassergymnastik- und massage, mit Kaskaden und Ruheräumen in Blickrichtung zum Park. Seit 2000 ist das Schwimmerbecken in Betrieb. Schwimmbewegungen in Wärme und Auftrieb des Thermalwassers geben die Möglichkeit, den Körper fortschreitend zu trainieren. Da Therapie auch etwas Vergnügliches sein soll, wurde der 40 Grad warme »Kochtopf« zum kurzen Eintauchen geschaffen, ein hoch aufspritzender Geysir, die Grotte und ein Wasserfall – Massageformen, wie die Natur sie schuf.
Mit der Heilbehandlung einher geht die Arbeit der Sanatorien Chrysantihof und Sternsteinhof sowie der Reha-Klinik im Rosenhof. Zu letzterer gehört auch ein Zentrum für Akupunktur und traditionelle chinesische Medizin (TCM). Chinesische Ärzte, in langjähriger Ausbildung mit der Feinabstimmung der Akupunktur und anderen östlichen Heilweisen vertraut, gastieren für jeweils ein Jahr in Bad Birnbach. Mit Ausnahme von Krebs (Cancer) kann praktisch jede Erkrankung ganzheitlich behandelt werden. Zur Erst-Diagnose wird westliche Apparate-Medizin hinzugezogen.

Indikationen sind chronische Schmerzen, der Kopf- und Rückenbereich (auch Migräne), Magen, Darm und Galle, Depressionen und Gelenkleiden. Kuren sind je nach Fall und Kasse bis zu 50 und 100% beihilfefähig, TCM nur für Selbstzahler. Kurklinik Rosenhof, Tel. 08563-9800.
Der Gedanke ganzheitlicher Therapie liegt auch der »reinigenden Quelle« zugrunde. Wo der Körper Heilung findet, sollte der Geist Anteil haben, meint Thomas Pohl, ausgebildet in Autogenem Training, Tiefenentspannung und psychologischer Beratung. Die maximal sieben Teilnehmer liegen mit Schwimmhilfen entspannt im Thermalwasser – quasi schwerelos bei 34 Grad. Den Entspannungsübungen folgt eine »Fantasiereise« zur Quelle von Harmonie, Ruhe und Kraft.
Anm. Tel. 08563-91488.

Vitarium: Erlebnissauna und Schönheitsbad

Mit unterschiedlich temperierten Badebecken, Kaskaden, Kneipp-Tretbecken, Liegewiese und Café hat das Erholungsbad schon immer Komfort geboten. Ganz oben auf der Hitliste Birnbacher Badevarianten steht das Vitarium, das römische und orientalische Traditionen unter einem Dach vereint: Hitze, Dampf, Düfte, Thermal, Schlamm und Schnee ..., umgesetzt in Sauna-Varianten. Das Heubad nimmt die ländliche Badeform auf: Der Körper ruht in warmem, mit Heilpflanzen angereichertem Heu.
Beim Algenbad werden frisch angerührte Meeresalgen auf die Haut aufgetragen: ideal bei Cellulitis und zur Gewebestraffung. Belebend wirkt das Kräuterbad.
Nachtkerzenöl ist Bestandteil vieler Kosmetika gegen die Hautalterung. Im Vitarium wird das Öl im Bad verabreicht, um Stoffwechsel, Durchblutung und Hormonhaushalt zu stützen. Cleopatras Schönheitsbad entspricht das mit Milch und Ölen getränkte Vlies, in das

Musik und Kristallaufgüsse in der Riesensauna

Bayerns größte Sauna im erweiterten Vitarium bietet bis zu 60 Besuchern Platz. Licht- und Tonspiele, sanft harmonisierende Klänge und Kristallglasaufgüsse vermitteln hier ein ganz neues Saunagefühl. Den »Eisbrunnen« genießt man vor und nach dem Saunagang.

Öffnungszeiten:
Therapiebad: tägl. 8-18 Uhr
Erholungsbad: Mo, Di, Fr 8-19 Uhr, Mi und Do 8-21 Uhr, Sa, So und Fei 8-18 Uhr
Vitarium: Mo bis Fr 10-21 Uhr, Sa, So und Fei 10-18 Uhr. Montag Damentag (nicht an Feiertagen)

der Körper eingehüllt wird.
Beim Rasulbad mit orientalischem Ambiente werden Heilschlämme in den dusch-feuchten Körper einmassiert. Entschlackung und leichtes Peeling gehen Hand in Hand mit der Festigung des Unterhautgewebes und Tonisierung der Muskeln. Nach 40 Minuten kündigt ein »Tropenregen« das Ende der Prozedur an. Rückfettung mit aromatischen Ölen.

Der alte Ortskern von Hofmark und Markt Birnbach mit dem Marienbrunnen von Joseph Michael Neustifter.

Aromamassage wird als Wohltat für Körper und Seele empfunden. Neu im pflegenden Bereich ist die HAUTCouture für die gestresste Haut, zum Beispiel als Thalassotag (Algenkur und Hydromassage), Baden in Stutenmilch, »Belle jour« oder Cellulite-Behandlung. Für diese exklusiven Behandlungen muss man im ländlichen Bad alles andere als exklusive Preise bezahlen – man will die Kirche im Dorf lassen, auch was die Preise betrifft.

Verwöhn-Kur beginnt im Hotel

Hotels im Alten Dorf:
Gräfliches Hotel Alte Post: Vier-Sterne-Haus mit altbayerisch-gemütlichen Zimmern und Suiten, Restaurants und Bar, Erlebnisbad und Garten. Sauna, Beauty-Salon, Fitnessraum, Massage- und Naturheilpraxis, medizinische Bäder, Sauerstoff-Mehrschritt-Therapie. ⌂⌂/⌂⌂⌂, Tel. 08563-2920, Fax -29299.
Kurhotel Hofmark: ein Haus der ersten Stunde im Kurbereich. Innenhofgärten und Bademantelgang zur Therme. Piano-Bar, Grill- und Kegelabende, Kabarett und Musikveranstaltungen. Massagepraxis und

Fitnessräume, Entspannungstherapien wie Yoga, Meditation, Schongymnastik. Angebote für Schönheit, Fitness, Überwinterungswochen. Zimmer, Suiten, ⌂⌂⌂. Tel. 08563-2960.
E-mail: hotel-hofmark@t-online.de

Chrysantihof: Das Sanatorium mit Badelmantelgang zur Therme und Hotelcharakter nimmt auch Privatgäste auf (neben Reha-Kur und beihilfefähiger Kur); es bietet Luxus-Arrangements, Wellness-Beauty-Woche, Überwinterungswochen. ⌂⌂ - ⌂⌂⌂ Brunnaderstr., Tel. 08563-2990.
E-mail: chrysantihof-badbirnbach@t-online.de

Sternsteinhof: Hotel und Sanatorium mit Gymnastik- und Aktivprogramm, Vitalwoche. Gemütliche Hausabende und Musik zum »Heurigen«, ⌂⌂,
Tel. 08563-2950.
E-mail: hotelsternsteinhof-badbirnbach@t-online.de

Apparthotel am Sonnenhügel: als Besonderheit neben anderen Extras Heilfasten mit Beratung und Kirlianfotografie-Diagnose (dabei werden Energiefelder mitsamt Schwachstellen sichtbar). ⌂⌂ - ⌂⌂⌂, Tel. 08563-9700, Fax -970222.
E-mail: apparthotel.am.sonnenhuegel@t-online.de

Sammareier Gutshof: (im Ort) Sauerstoff-Therapie, finnische Sauna und Römisches Hallenbad mit Gegenstromanlage und Unterwassergymnastik. Greenfee-Ermäßigung für den Rottaler Golfclub am Rottauensee. ⌂⌂ / ⌂⌂⌂. Tel. 08563-2970.
E-mail: hotel.sammareiergutshof@t-online.de

Kur-Gutshof Arterhof: wenige Kilometer von Bad Birnbach entfernt in Lengham, Zimmer und geschützter Campingplatz. Wellness-Angebote im Haus; ⌂ / ⌂⌂, Tel. 08563-96130, Fax -961343.

Hotel an der Brunnader garni: Massagepraxis, Fahrradverleih und I-Tüpferl-Verwöhnwoche. Am Stephanietag, 26. Dez., erzählen die Gastgeber von Rottaler Lebensart und Brauchtum. Wer mit dem Zug anreist, kann eine Wochenpauschale mit dem VW-Beetle buchen, der schon am Bahnhof bereit steht. ⌂ - ⌂⌂
Tel. 08563-96020, Fax -9602140.
E-mail: hotel-an-der-brunnader@t-online.de

Schwaibacher Hof: Das ländliche Ambiente eines 200 Jahre alten Vierseithofs am Südufer der Rott. Komfortzimmer, Sauna, Whirlpool, Solarium. Das solarbeheizte Freibad liegt inmitten einer Streuobstwiese. Spezielle Arrangements für Radwanderer, Schnupper- und Herbstangebote. ⌂⌂
Tel. 08563-96680, Fax 96682.

Kräuterkunde

Kräuterwanderungen im Raum Birnbach-Schwaibach bietet Gisela Sebele (08532/2686) an. Tipps zu Zubereitung und Aufbewahrung der Wildkräuter.

Wenn auf dem Neuen Marktplatz die Musik aufspielt., kommt gute Stimmung auf.

Diese Häuser sind Beispiele. Auch viele Privatpensionen und Vermieter von Ferienwohnungen im Ort und auf dem Land nehmen Gäste auf, in den Preiskategorien 1 bis 3. Eine Reihe von Hotels bietet Pauschalkuren an, schönheits- und/oder gesundheitsorientiert, als Wochenendkur, Antistress und so weiter, ein breites Spektrum.

Auskunft

Infos und Broschüre über die Kurverwaltung: Neuer Marktplatz 1, 84364 Bad Birnbach, Tel. 08563-963040. Internet: www.badbirnbach.de E-mail: prospekt@badbirnbach.de zimmerinfo@badbirnbach.de und rottalterme@badbirnbach.de

ESSEN UND TRINKEN

Gasthof Wasner: im alten Dorf mit eigener Metzgerei, holzvertäfelten Gaststuben und bodenständiger Küche; gilt seit jeher als guter Tipp für die gepflegte Gastlichkeit in familiär-gemütlicher Atmosphäre. Im Rahmen des Plinganser-Projekts verarbeitet die Küche auch die Erzeugnisse aus ökologischem Landbau. Biergarten unter Kastanien. Tel. 08563-871, tägl. 9-23 Uhr, warme Küche 10-21 Uhr.
Alter Weißbräu: Musikantenfreundliches Wirtshaus mit historischem Gewölbe im Dorf; bayerische Musikabende; auch Gäste greifen oft zum Instrument. Die saisonal variierende Küche bringt im Frühsommer Spargel, im Sommer und Frühherbst Saiblinge, Waller, Hecht, Forelle und

im Herbst Wildgerichte auf den Tisch. Hofmark 11, Tel. 08563-975110, tägl. 8-24 Uhr, warme Küche 11-14 und 17-21 Uhr.
Gräfliches Hotel Alte Post: Gaststube und Wintergarten, Bar. Bayerische und internationale Küche mit Spezialitäten der Saison, auch vegetarische Gerichte und Schonkost. Hofmark 23, Tel. 08563-2920, tägl. 10-23 Uhr.
Sammareier Gutshof: einst Mostkellerei, heute Kurhotel teils mit Jugendstilambiente. Das Tagescafé »Guglhupf« erinnert an Wiener Kaffeehaus-Atmosphäre. Rustikal mutet das Restaurant mit Weinstube »Altbirnbach« an. In Rotmarmor gehalten ist die »Mostrutschn«, eine Bar mit Tanzgrotte. Ausgezeichnete Küche, erlesene Weine. Tel. 08563-2035, 8.30-1 Uhr, warme Küche 11.30-14 und 18-22 Uhr, Mo Ruhetag.
Am Marktplatz wird flaniert und eingekauft, auf der Terrasse und unter den Arkaden ist aber auch kulinarisch viel los. Man bekommt kleine Gerichte, Kaffee und Kuchen, Eisspezialitäten. Restaurants und Abendlokale überall im Kurbereich, so zum Beispiel im Kurhotel Hofmark und beim »Heurigen« im Sternsteinhof.

TIPPS FÜR AUSSERHALB

Kirschner-Wirt in Hirschbach: eigene Metzgerei, bewirtschafteter Bauernhof mit Ferienwohnungen und Gästezimmern, typisches Rottaler Gasthaus mit eben den altüberlieferten Spezialitäten der Region, die sonst nur noch selten auf den Speisekarten stehen: »Geschwollene« und gebackene Zunge, Kalbskopf und Kalbsnierenbraten, Milzwurst, Hirnbavesensuppe. Kinderteller auf Wunsch. Tel. 08563-91411 und 3927, ab 8 Uhr, warme Küche 11-20 Uhr, So/Mo bis 14 Uhr.
Zissler-Wirtin in Lengsham: bodenständige Küche in gemütlicher Gaststube, nicht zu knapp portioniert – so lässt sich der Ausflügler gern verwöhnen. Schweinsbraten und Surfleisch mit Semmelknödel, fangfrische Forellen, zur Kaffeezeit Schmalzküchl. Nahe Altbachtal-Radweg, Tel. 08562-704, 9-24 Uhr, Fr Ruhetag.

WAS SONST NOCH WICHTIG IST

Angeln mit Fischereischein im gemeindeeigenen Weiher und am Rottauensee, Auskunft Kurverwaltung Telefon 08563/963046 und -47.
Ballonfahrten über die Rottaler Hügellandschaft mit »Rottal Ballon«, Tel. 08727-7216, oder dem Graf Arco Ballonteam, Telefon 08726-210. Voraussetzung sind gute körperliche Verfassung und praktische Kleidung.
Fahrradverleih: Gertis Zweiradshop in Hirschbach, Tel. 08563-504 sowie Herbert Heudecker, Nähe Brauerei, Tel. 1503. Radtou-

ren-Führer und Karten bei der Kurverwaltung erhältlich. Freitags geführte Radwanderungen.
Faschingstrubel mit Umzug am Faschingsdienstag (meist 14 Uhr). Wahrzeichen ist der »Faschingsbräunl«, ein Steckenpferd im Faschingskostüm, das beim Umzug mit einer Schweinsblase am Stock die Zuschauer foppt. Ihm hat Joseph Michael Neustifter am Neuen Marktplatz ein Brunnen-Denkmal gesetzt.
Volksfest Ende Juni, Dult Ende August.
Hunde im Hotel auf Anfrage, im Ortsbereich und Kurpark erlaubt – an der Leine.
Märkte: Wochenmarkt jeden Samstag vormittag; Frühjahrsmarkt Sonntag nach Ostern; Herbstmarkt am 1. Sonntag im Oktober; Christkindlmarkt am 1. Adventswochenende mit Auftritt der Raunachtshexen, Habergoaßn und Rauwuggerl, am Sonntag Kinderchöre und Musikdarbietungen. Stimmungsvolle Marktstände.
Messen und **Kurseelsorge:** Termine und Ansprechpartner sind dem monatlich erscheinenden »Kurspatz« zu entnehmen
Reitstunden und **Geländeritt:** Reiterhof Elisabeth Ziegler, Tel. 08563-1085. Weitere Adressen im Pferdekapitel s. S. 28 ff.
Sport: Tennisplätze, Minigolf, Bogenschießen und Luftgewehrschießen in der Sport- und Freizeitanlage am östlichen Kurpark: gemütliches Wirtsstüberl Tel. 08563-1800. Freiluftschach und Tischtennis im Kurpark. Golf auf den wenige Kilometer entfernten Plätzen von Bad Griesbach, der nächstgelegene ist Sagmühle (erreichbar von der B 388), Tel. 08532-96140.
Veranstaltungen: Von Musik-Meditation und Duft Qi Gong, Gymnastik und Vorträgen bis zur »Bairischen Matinee«, Kabarett, Jazz und Blasmusik reicht die Palette. Programm im »Kurspatz«.
Wanderwege führen in die Rottauen und ins hügelige Umland beiderseits des Flusses mit schönen Aussichtspunkten. Auskunft, Karten und geführte Wanderungen bietet die Kurverwaltung an.

TIPP: »Hoagarten«

Zum »Hoagarten«, einem Nachmittag mit Rottaler Hausmusik, Heimatdichtung und niederbayerischen Schmankerln lädt von Mai bis Okt. Mo ab 15 Uhr der Ferienhof Eigner in Anzenkirchen ein. Abfahrt von der B 388 westlich Birnbachs in Richtung Triftern/Anzenkirchen; beim Bahnübergang.

Am Wasserfall im Thermensee des Vitariums; hier kann man hüllenlos bis in die Nacht schwimmen und sich entspannen.

DIE FERIENREGION: SEHENSWÜRDIGKEITEN VON A BIS Z

Aidenbach

An den Wochenenden Anfang bis Ende Juli ist **Freilichtspiel**-Zeit. Das Stück erinnert an die Schlacht von 1706 bei Aidenbach, die den Freiheitsbestrebungen der Bauern brutal ein Ende setzte. Um 19 Uhr öffnet ein **historischer Markt** mit Verköstigung, die Aufführung beginnt um 21 Uhr. Aidenbach ist von Pfarrkirchen und Bad Birnbach über Egglham, von Bad Griesbach/Füssing über Haarbach-Beutelsbach zu erreichen. Karten in der Marktgemeinde, Tel. 08543-96030, und an der Abendkasse. Der Hintergrund: Zu Beginn des 18. Jhs. wütete in Europa der Spanische Erbfolgekrieg, in dessen Verlauf der österreichische Kaiser Bayern besetzte. Die Bauern waren Willkür und ruinöser Truppeneinquartierung ausgesetzt. Als die Besten unter ihnen rekrutiert werden sollten, war das Maß voll. Mit dem Schlachtruf »lieber baierisch sterben als kaiserlich verderben« rotteten sie sich, notdürftig bewaffnet, zusammen. Im Rottal setzte sich der junge Gerichtsschreiber Plinganser an die Spitze der Bewegung. Anfangserfolge in Braunau und Schärding ermutigten die Rebellen. Da beschloss der Münchner Kriegsrat, dem »Schelmenpack« eine Lektion zu erteilen. Der Traum von Freiheit versank im Blut Tausender. In Reschdobl südlich von Aidenbach wurde den gefallenen Freiheitskämpfern ein Denkmal gesetzt. Aidenbach ist bekannt als Zentrum der **Holzschnitzkunst.** Wer sich interessiert: Im Rathaus (s.o.) erfährt man Namen und Adressen der Holzschnitzer.

Gastronomischer Tipp: Die Aldersbacher Brauerei hat ein Gasthaus aus dem 16. Jh. wieder herrichten lassen: »Zum Kirchenwirt«, Marktplatz 2. Unter einer Kassettendecke bei bodenständiger Küche herrscht wieder urbayerische Gemütlichkeit (Tel. 08543-917775, 9-24 Uhr).

Denkmal in Reschdobl bei Aidenbach zum Gedenken an die Tausenden im Jahr 1706 im Freiheitskampf gefallenen Bauern.

Aigen am Inn

Aigen westlich von Bad Füssing, wenige hundert Meter vom Europareservat Unterer Inn, ist wie vier weitere Gemeinden im Bäderdreieck am 1. Novembersonntag Ziel des **Leonhardiritts**. Ein altes Gasthaus erinnert an die Zeiten, als Aigen bischöfliche Hofmark mit lehensabhängigen Hofstellen war. Das im 15. Jh. auf Resten einer romanischen Kirche errichtete Gotteshaus **Mariä Himmelfahrt** (Ortseingang) ist auch dem Patron der Tiere geweiht.

Nach dem Gottesdienst und einer Lichterprozession am Vorabend um 18.30 Uhr treffen sich am Sonntag gegen 14 Uhr Reiter und Kutschen mit ihren geschmückten Pferden zum Hofmarkumritt und anschließender Segnung der Tiere.

Das **Leonhardi-Museum** befasst sich mit der Wallfahrtsgeschichte und ist von Ostern bis Anfang Nov. (außer Mo/Do) 14-17 Uhr geöffnet.

Gasthaus »Zehentstadl«, 1451 als bischöflicher Speicher und Gerichtssitz erbaut. Zu Hofmarkzeiten wurde hier die Naturalsteuer, ein Zehntel der Ernte, gestapelt. Das unten abgebildete Gasthaus bietet von März bis Leonharditag Do-Sa Mittags- und Abendtisch, in den restaurierten Hofgebäuden Ferienwohnungen (08531-96180). Von Bad Füssing bietet sich die Straße über Irching an, mit dem Rad kann man auch den Innuferdamm nehmen.

Der mächtige Block des Zehentstadels, früher Getreidespeicher der Fürstbischöfe, jetzt Gasthaus mit Ferienwohnungen.

Aldersbach

Die ehemalige Klosterkirche Aldersbach – wesentlich von den Brüdern Asam gestaltet – gilt als **schönste Marienkirche Bayerns.** Sie entstand zwischen Spätbarock und Rokoko. An das Kloster schließt sich die Freiherr-von - Aretinsche Brauerei mit Museum, Laden und Gaststube an. Aldersbach liegt ca. 25 km nördlich von Bad Birnbach/Griesbach.

Das 1120 von Bischof Otto von Bamberg gegründete Kloster wurde wenig später von den Zisterziensern übernommen. Sie förderten die Buch- und Goldschmiedekunst und führten das Kloster mit einer philosophisch-theologischen Hochschule zur Blüte.

Um 1720 lud Abt Theobald I. den italienischen Baumeister Domenico Magzin ein, das Kirchenlanghaus neu zu bauen. Der Bamberger Mathias Götz entwickelte die Idee, die von ihm reich mit Gold verzierten Seitenaltäre kulissenartig zur Engelsglorie des Hochalters auszurichten.

Berühmt ist Aldersbach durch die Arbeiten der in Süddeutschland gebürtigen Brüder Asam, die den barocken Zeitgeschmack in überschwänglichen Deckenfresken und Skulpturen feiern.

Trotz der reichen Ausstattung wirkt der Kirchenraum nicht überladen; er ist eine prunkvolle, in sich geschlossene Einheit.

Unter dem Einfluss römischer Studien malte Cosmas Damian Asam das 20 m lange, jochüberspannende Deckenfresko, das sein Bruder in Stuckaturen fasste. Thema ist die Weihnachtsvision des hl. Bernhard von Clairvaux, ausgehend von der Menschwerdung Christi bis zur Öffnung der Himmel. Die Farbübergänge und Nuancierung beeindrucken umso mehr, als die Technik des Fresko – die Farben werden in die noch feuchte letzte Putzschicht aufgetragen – Korrekturen ausschließt. Die Stuckaturen des Bildhauer-Bruders und Architekten Egid Quirin Asam, seine verspielten Figuren und Allegorien zum Beispiel an der Orgelempore, sind bezeichnend für den Übergang des

Barock zum Rokoko. Besonders gelungen sind die den Evangelisten zugesellten Tiere: Markus der Löwe, Lukas der Stier, Johannes der Adler, während Matthäus das Buch des Lebens aufgeschlagen hat. Die in marmoriertem Holz gearbeitete Kanzel schuf Joseph Deutschmann.
Die Kirchenführung gewährt auch Zugang zu Klosterräumen mit weiteren künstlerischen Höhepunkten wie dem von der Kösslarner Familie Modler mit Gemälden und Stuck versehenen Speisezimmer. Ein Besuch der Freiherr-von-Aretinschen Brauerei mit Museum kann sich anschließen. Im **Bräustübl** ist es altgewohnter Brauch, sich zur mitgebrachten Brotzeit das Bier selber von der Schenke zu holen. (Mo-Sa 15 Uhr bis spät abends, Tel. 08543-1775).
Kirchenführungen: April bis 31. Okt. Mo-Do 14.30 Uhr, Nov. bis März Mo/Die 14.30 Uhr, Gruppenanmeldung 08543-96040.
Brauereimuseum mit Laden: April bis 31. Okt. Mo-Fr 14-18 Uhr, Sa 10-12 und 14-16 Uhr, So/Feiertage 14-16 Uhr. Nov. bis März Mo-Fr 13-17 Uhr, Sa 10-12 Uhr.

Die rosa-weiße Pfarrkirche des ehemaligen Zisterzienserklosters gehört zu den prächtigsten Werken des bayerischen Barock.

Anzenberg

Auf einer Anhöhe südöstlich von Massing im westlichen Rottal steht die Kirche des bäuerlichen Anwesens von Anzenberg. Die einstige **Wallfahrtskirche Mariä Heimsuchung,** im Rokoko neu errichtet, besticht durch einen Altar des Griesbacher Bildhauers Wenzel Jorhan voll verspielter Baldachine, Krönchen, Säulenzier und

Hauptaltar der Wallfahrtskirche von Anzenberg bei Massing, dessen Aufbau der Griesbacher Wenzel Jorhan schuf.

Figuren. Das Licht der oberen Fenster fällt auf das magische Auge Gottes inmitten eines Strahlenkranzes. Älteren Datums, etwa von 1520, ist das Gnadenbild der Madonna.

Arnstorf

Mit Marktrechten seit 1419 begabt, feiert Arnstorf alle vier Jahre Mitte Juni – das nächste Mal 2003 – das Mittelalter und damit zwei Eckpfeiler seiner Geschichte: die Zünfte und die einstige Hofmark, von der bis heute ein **Schloss** zeugt. Schnellste Verbindung über Pfarrkirchen.

Um 1130 bestand eine Hofmark des »Wernhart de Arnstorf«, ein Landgut mit Privilegien wie der Niedergerichtsbarkeit und der Steuerhoheit über die lehensabhängigen Bauern. Unter den Schlossherren gilt Albrecht I. von Closen als Stammvater der einst gemeinsamen Linie Gern-Arnstorf (s.u.).

Mit der herzoglichen Markterhebung 1419 erlosch der Hofmarkstatus für Arnstorf, da der Markt die Privilegien übernahm. Im Rahmen des Marktes konnten die Handwerker ihre Zünfte bilden. 1847 ging der Schlossbesitz der Closen an die Grafen von Deym über, die bis heute das »obere« Schloss mit Park bewohnen und auch die Brauerei betreiben. Das Schloss ist nicht zu besichtigen, der Park zugänglich. Beim **Mittelalterfest** entfalten sich im Markt und rund ums Schloss Handwerker- und Gauklertreiben, Lagerleben am offenen Feuer. Es duftet nach Gegrilltem, das Bier der Schlossbrauerei fließt in Strömen. Das »untere« Schloss am Markt ist Geschäftshaus. Schloss Mariakirchen östlich des Ortes ist ebenfalls in Privatbesitz.

Sehenswert das **Alt-Arnstorf-Haus,** (Heimatmuseum) Mai bis Okt. am 1. So des Monats 10-12 Uhr, die Pfarrkirche St. Georg mit dem Epitaph des Hans von Closen (1527) und Altar von Joseph M. Neustifter. Mehrere Traditionsgasthäuser am Ort wie der »Unterwirt« oder Café Hierzegger.

Asbach

Kloster und Museum Asbach sind weithin sichtbar auf einer Anhöhe südlich der B 388, dem Griesbacher Badehügel gegenüber. Neben den Exponaten des Bayerischen Nationalmuseums und Wechselausstellungen bestechen die Wandmalereien und Stuckaturen, Kreuzgänge und Gewölbe, die einst die Schönheit des Klosters ausmachten. Die Mönchszellen nehmen Hotelgäste auf, im Gewölbe lädt der »Klosterhof Benedikt« zu gemütlicher Runde.
Um 1090 durch die Witwe des Grafen Gerold von Asbach gegründet, war der Aufbau des Benediktinerklosters durch Kriege erschwert. 1653 kam mit Prior Matthias Viola von Niederalteich ein großer Gelehrter nach Asbach, Vorbild für Kunst, Wissenschaften und Musikpflege. Um diese Zeit erfolgte auch die bauliche Erweiterung durch Baumeister Domenico Zuccali, der sein Werk dem Abt zuliebe für einen Jahresgedenktag und 125 Seelenmessen vollbrachte. Im späten 18. Jh. vollendete der Münchner Hofarchitekt François de Cuvilliés d.J. die **Abteikirche im frühklassizistischen Stil.** Fresken des Österreichers Josef Schöpf schmücken Langhaus- und Chorraumdecke. Die Schnitzfiguren der Altäre werden der Werkstatt Deutschmann zugeschrieben. Der »Kremser Schmidt« schuf die

Das obere Schloss von Arnstorf, abgesetzt vom Markt durch Mauern, Park und Gräben, ist im Besitz der Grafen von Deym.

Altarblätter, darunter das Bildnis des Bischofs Otto von Bamberg, wie er das Kloster der Altöttinger Madonna empfiehlt. Es heißt, der Kremser Maler habe Licht und Schatten beherrscht wie Rembrandt. Die Grabmäler im Kreuzgang des Klosters wie auch in der Kirche sind die der Asbacher Äbte. In die Friedhofsmauer wurde eine Skulptur des reitenden St. Georg eingelassen.
Nach der Säkularisation von 1803, die die Klöster als Institution aufhob und ihre Schätze in staatliche Archive überführte, schien Asbach ohne Zukunft, dem Verfall preisgegeben. Erst 1976 mit der Gründung des Kulturkreises Asbach e.V. begann der Wiederaufstieg. Die restaurierten Räume nahmen ein **Zweigmuseum des Bayerischen Nationalmuseums** auf. Zu sehen sind Metallkunst, altbayerische Schmiedekunst und Nachbildungen von Skulpturen der Hochgotik bis Frührenaissance, darunter altbayerische Schutz- und Trutzzeichen und eine Reihe von Moriskentänzern, deren Verrenkungen in Holz geschnitzt sind.
Restauriert wird derzeit der Speisesaal mit dem »Mannaregen« als Deckengemälde von Johann Zeiller (1771), mit Fürstenporträts und Szenen aus Jesu Leben. Kloster Asbach entwickelt sich zu einem kulturellen Zentrum im unteren Rottal.
Besichtigen kann man das »Grafenzimmer« mit Gemälden und Stuckornamenten im Rocaille-Stil. Diese aus Frankreich eingeführte ornamentale Mode spielt mit dem Muschelmotiv; Johann Baptist Modler hat sie oft verwendet. Auch im ersten Innenhof sind Werke Modlers zu bewundern, diesmal als Fensterumrahmungen. Von Zeiller stammt das Jagdmotiv an der Decke der ihm gewidmeten Wirtshausstube. Zum Restaurant »Klosterhof Benedikt« gehört die gemütliche Prälatenstube mit Kassettendecke und holzvertäfelten Wänden.

Die ehemalige Abteikirche des Klosters Asbach, ein Meisterwerk des Frühklassizismus des Münchner Hofarchitekten François de Cuvilliés.

Im Zweigmuseum des Bayerischen Nationalmuseums in den restaurierten Räumen des Klosters Asbach ist diese Holzfigur eines Moriskentänzers zu sehen.

Auch das **Hotel Klosterhof St. Benedikt** ist, von einem neuen Trakt abgesehen, Teil des ehemaligen Klosters. Der Carlone-Saal mit Benediktus-Medaille und Stuck-Marmor wurde als Tagungsraum eingerichtet. Lateinische Buchstabenfragmente weisen auf den Wahlspruch der Benediktiner hin: »Nicht der Drache sei mein Führer, sondern Christus sei mein Licht.« Wechselnde Ausstellungen europäischer und außereuropäischer Kunst und Konzerte ergänzen das Museumsprogramm.

Museum Kloster Asbach, 94094 Rotthalmünster, 08533-2300. März bis Ende Okt./Anf. Nov. Di-Fr 11-16.30 Uhr und Sa/So 10.30-16.30 Uhr.

Hotel garni Klosterhof St. Benedikt, EZ/DZ ⌂⌂, 1 km zum Golfplatz Sagmühle. Haustiere erlaubt. Tagungsräume für 20 bis 70 Personen. Tel. 08533-2040, Fax 20444.

Restaurant Klosterhof St. Benedikt, mehrfach ausgezeichnet für die Pflege der bayerischen Küche, heimische Spezialitäten der Saison von Spargel bis Wild, Biergarten zum Hof, Tel. 08533-1859, Di-So 10-23 Uhr (die warme Küche pausiert von 14-18 Uhr). Anf. Jan. bis Anf. Febr. geschlossen.

Bad Höhenstadt

Lange vor Entstehen der Thermalbäder des Rottaler Bäderdreiecks, im Mittelalter, wurde hier ein **Moor- und Schwefelheilbad** betrieben. »Zum stünckhenden Brunnen« hieß die Quelle von Bad Höhenstadt, die schon die Römer genutzt haben sollen.

Im 14. Jh. war Höhenstadt Marienwallfahrtsort, wurde aber bald von Sammarei (s.u.) überflügelt. Der Badebetrieb florierte wieder nach 1713 mit dem Erwerb der »Schwefelweide« von den Fürstenzeller Mönchen. Im 19. Jh. galt es als chic, in Höhenstadt zur Kur zu weilen und sich im Park zu ergehen; vor allem der Adel traf sich hier, tanzte und feierte bis in den frühen Morgen. Das Kurhaus ließ König Ludwig I. von seinem Hofbaumeister Klenze errichten. Jetzt dient es als Altenwohnheim. Der Ruhstorfer Kultursommer hat das alte Bad für gelegentliche Veranstaltungen wieder entdeckt. (s.u. Ruhstorf).

Bayernpark

Großer **Freizeitpark** im Vilstal: Nördlich von Eggenfelden, kurz hinter Falkenberg Richtung Reisbach. Auf 250 000 m² Fläche: Wildwasserbahn und Hubseit-Turm mit Panoramablick, Mississippi-Raddampfer und Drachenbahn, Karussells aller Kategorien mit Kleinkinder-Paradies. Man kann durch den Wildpark wandern oder im Restaurant im schönen Rottaler Stockhaus Rast machen. Erstes April-Wochenende bis Mitte Okt. tägl. 9-18 Uhr.

TIPP: Brunner-Bräu

Spanberg 3 bei Eggenfelden (Flugplatznähe), Wolfram Brunners Hausbrauerei mit Gaststube und Biergarten. Braumalz von Gerste aus heimischem Anbau, Dolden-Hopfen aus der Hallertau und Wasser aus dem eigenen Tiefbrunnen – in der feuerbeheizten Sudpfanne entsteht wie anno dazumal unfiltriertes Bier, das auch in gepichten Eichenholzfässern zu 10 bis 200 Litern abgegeben wird. Mai bis Sept. Mo-Fr 18-24, So/Fei 15-24 Uhr. Sept.-Apr. Do-So 18-24 Uhr. Tel. 08721-6801.

Bergham

Zwischen Haarbach und Sankt Salvator steht seitlich der Straße auf einer Anhöhe die **romanische Kirche** von Bergham. Sie wurde kürzlich restauriert. Bergham ist eine dörfliche Ansiedlung mit sehenswerten Holzhäusern und überreichem Blumenschmuck unter den kleinen Fenstern. An die Burg, von der in alten Aufzeichnungen die Rede ist, erinnert nur noch diese älteste Kirche der Gegend, ein romanischer Backsteinbau mit spätgotischem Chor und bemaltem Netzrippengewölbe.

Das Bäderdreieck wirbt für den Urlaub rund ums Jahr: Dampfende Badebecken in verschneiter Winterlandschaft …

Braunau

Die Braunauer haben das landschaftlich reizvolle Panorama des Rottaler Hügellands vor Augen, während von diesseits des Inns die gotische Altstadt mit ihren Spitzgiebeln lockt und, nicht zuletzt, die Innviertler Schmankerl-Küche. Ein weiterer Anziehungspunkt ist das »Gugg«, Theater und Café in einer alten Gießerei.

Mit dem Frieden von Teschen 1779, der das Innviertel dem Habsburgerreich zuschlug, wurde der Fluss zur Landesgrenze. Braunau hat sich die österreichische, genauer die Innviertler Mentalität bewahrt – diesseits des Inns trägt sie unverkennbar bayerische Züge. Gleich jenseits der Brücke öffnet sich der großzügig angelegte **Stadtplatz** und der Zungenschlag ist gleich ein anderer. Braunau ist seit 1260 befestigte Stadt. Nach dem verheerenden Feuer um 1380 erstand das schöne gotische Braunau, dessen Spitzgiebelfassaden sich am Stadtplatz und in den Seitengassen erhalten haben. Reste der Stadtmauer stützen die Herzogsburg, heute Bezirksmuseum. Überall beschauliche Winkel und bauliche Kleinode wie die Färberhäuser. Westlich der Stadtmauer schließen sich Spazierwege entlang der Altwasser und zu Sport- und Spielanlagen mit

Die Fassaden mit gerahmten Fenstern am oberen Stadtplatz erinnern an die reichen Zünfte der Tuchmacher und Leinenweber.

Das Rathaus wurde 1902 unter Kaiser Franz Joseph erbaut.

Minigolf und Bewirtungskiosk an. Die den Stadtplatz überragende **Stadtpfarrkirche St. Stephan** von 1466 mit ihren Zunftaltären und dem 96 m hohen Turm gilt nach dem Wiener Stephansdom als bedeutendster Kirchenbau des Landes. An der nördlichen Außenmauer ist der Epitaph des Hanns Steininger, 1567 verstorbener Stadthauptmann, angebracht. Seinen dreieinhalb Ellen langen Bart trug er eingerollt im Lederbeutel um den Hals. Der Epitaph und die Werbeprospekte der Stadt zeigen ihn in voller Länge. Das Original wird im Bezirksmuseum bewahrt. In der **Burg** sind Geschichte und Zunftwesen der reichen Handwerker und Kaufleute dokumentiert, stellen Innviertler und Gastkünstler aus. Gleich ums Eck im **Heimathaus** Schifffahrtsmuseum und Glockengießerei. Herzogsburg Di-Sa 13-17 Uhr, im Juli/Aug. auch 9-12 und So 14-16 Uhr (Tel. 0043-772-808227). Im **Heimatmuseum** Mai-Sept. Di bis Sa 15 Uhr Führungen, sonst geschlossen. Heimatstube der Donauschwaben im Heimathaus; nach Anm. Tel. 0043-7722-87565. Das **Rathaus** am Stadtplatz wurde unter Kaiser Franz Josef I. errichtet und unterscheidet sich durch Türmchen und Erker vom gotischen Ambiente.

Häufig wird nach **Hitlers Geburtshaus** gefragt. Es steht südlich des Stadttorturms und auf einem Stein davor heißt es: »Nie mehr Faschismus«. Das kritische Interesse an Hitlers Geburtsort hat die Stadtväter bewogen, die dort eingerichtete Werkstatt zu verlegen und eine Stätte der Begegnung und Versöhnung zu begründen. Braunau verfügt über ein Theater und ein Stelldichein der Kleinkunst mit Café/Ausstellungen in der ehemaligen **Gießerei Gugg,** Palmstraße, parallel zum Stadtplatz. Geboten wird Comedy, Musik, Affront und Hinterfotziges sowie zeitgenössische Malerei im Café. Tel. 0043-7722-65692, Mo-Sa ab 19 Uhr geöffnet.
Internet: www.gugg.de
E-mail: gugg@gugg.at

Im ehemaligen **Augustiner-Chorherrenstift** südlich der Stadt in Ranshofen verfasste Chorherr Wernher der Gärtner das erste deutschsprachige Versepos »Meier Helmbrecht«. Sehenswert die Wandmalereien und die vergoldeten Akanthus-Altäre der Kirche.
Feste/Märkte: Stadtfest 1. Augustwochenende. Schifferstechen an der Innbrücke Fr/Sa 1. Augustwochenende.
Mi: Wochenmarkt bis 14.30 Uhr. - Christkindlmarkt rund um die Stephanskirche 1. und 2. Adventswochenende.

GASTLICHKEIT

Die Innviertler Kost ist ähnlich wie die bayerische deftig-ländlich, sie soll den Hunger stillen, schmackhaft und preiswert sein, so z.B. Speckrahmknödel (winzige Knödel mit Speckwürfeln), dazu Sauerkraut. Oder der Bratl in der Rein: Schweinebraten und Kartoffeln, klein geschnitten, werden in der Form im Ofen gegart. Spezialitäten aus Wien wie Tafelspitz oder Esterhazy-Rostbraten mischen sich in die Speisekarte. Böhmische Dalken oder Zwetschgen-Bovesen sind in Fett ausgebackene Mehlspeisen, ebenso wie der mit reichlich Eiern angerührte »Kaiserschmarrn« aus Wien oder der Palatschinken.
Hotel Post am Stadtplatz (4 Sterne), gotisches Ambiente, heimische und internationale Küche, Tel. 0043-7722-63416, ⌂ - ⌂⌂
Hotel Alter Weinhans am Theaterpark (3 Sterne), Innviertler Küche u.a., Tel. 0043-7722-63471, ⌂ - ⌂⌂
Altstadthaus Hannak, Linzerstraße 35 mit Radstall und Radlerfrühstück, Tel. 0043-7722-63396; ⌂
Weitere Unterkünfte, Jugendherberge, Camping, Arrangement »Sport & Kultur« mit Freizeitangeboten über **Tourismusverband,** Stadtplatz 9, A-5280 Braunau, Tel. 0043-7722-62644, Fax -84395.
Radterminal mit Waschräumen und Gepäckaufbewahrung, zugänglich von der Theaterstr. (parallel zum Stadtplatz) oder von der Linzerstr.
Aus der Vielzahl interessanter Restaurants und Cafés:
Schnaitl-Keller am Innufer, Theatergasse 1-3, Innviertler Kost, Biergarten, tägl. 11-24 Uhr, Tel. 63284.
Zum Schiff, Stadtplatz 3; Fisch, Spargel, Wild je nach Saison, 9.30-14.30 und 17-23 Uhr, Mo/Di Ruhetag, Tel. 63386.
Innviertler Hausbrauerei, 70 Biersorten, heimische Küche, Stadtplatz 47, 8.30-1 Uhr, So 14-22 Uhr, Do Ruhetag, Tel. 65815.
Kegelbahnen Bevelander, Industriezeile; im Stübl wird auf Bestellung ab 10 Personen Ritteressen nach alter Sitte Herrlichkeit aufgetischt, Di-Fr ab 17 Uhr, Sa ab 15 Uhr, So/Mo Ruhetag, Tel. 65815.

Dietersburg

ist ab Pfarrkirchen (B 388) Richtung Arnstorf/Abzweigung Vilshofen zu erreichen.
Die mittelalterliche Burg des Ritters Dietrich steht längst nicht mehr. Doch lohnt das hoch am Hang errichtete Gotteshaus aus dem 15. Jh. einen Abstecher. Rokokozier am barocken Altar, Rocaille-Schnitzerei an der Kanzel, so wurde die gotische Grundstruktur lichtvoll aufgeheitert. Die Mariä Himmelfahrt geweihte **Pfarrkirche** erhält Assistenz durch den hl. Wolfgang und den hl. Johannes Nepomuk an der nördlichen und südlichen Chorwand. Ins Auge fallen die vier Putten an der Kanzel, die die Erdteile symbolisieren (ohne Australien). Europa ist durch die Königskrone präsent, Asien mit Turban und Zepter. Durch Kopfputz und Lendenschurz gibt sich Schwarzafrika zu erkennen. Der Indianer Amerikas weist sich durch Köcher, Pfeil und Federschmuck aus.
Im Hauptschiff stehen sich zwei Märtyrerinnen und zwei Interpretationen der Madonna gegenüber. Die Füße der hl. Barbara berühren ihren Vater Dioskurus, der sie um ihres Bekenntnisses willen tötete. Neben ihr die hl. Katharina mit dem Rad, durch das sie unter Kaiser Maxentius zu Tode kam.
Die Marienstatue (rechts) von 1440 drückt in bäuerlich-traditioneller Weise Demut und Gelassenheit aus. Die andere, um 1490 entstanden, vertritt ihre Bestimmung mit Anmut und lebhaftem Ausdruck, auch im Gewand und der Geste, mit der sie das Zepter hält.
In Dietersburg schwören vor allem junge Leute auf das **Musikcafé Blamage** (21-3 Uhr, Fr. Disko 22-3 Uhr, Tel. 08564-1362.
Östlich in **Waldhof** eine Kirche mit reich verzierter spätgotischer Holztür und üppig schmiedeeisern beschlagenem Türblatt (Rankenwerk, Früchte und Tiere). In Hirschbach lädt der Kirschner-Wirt zur Rast.
Ab Dietersburg geht es über Nöham zum Schloss Schönau mit englischem Landschaftspark (s.u.).

Maria mit Kind, spätgotisch, um 1490 (Ausschnitt) aus der Pfarrkirche Mariä Himmelfahrt in Dietersburg.

Eggenfelden

Spätmittelalterlich der Altstadtkern, modern alles, was sich da harmonisch herum gruppiert: ob Rathausplatz oder Sportpark und Theater oder die »erzählenden Brunnen« als allegorisch unterhaltsames Bindeglied. Die Schlossökonomie Gern wird heute kulturell genutzt. Günstig die Verkehrslage der 14 000-Einwohner-Stadt im Kreuzungsbereich von B 20 und B 388 und mit dem Flugplatz. Einige namhafte Hightech-Betriebe haben sich in Eggenfelden angesiedelt.

Zum Ausbau ihrer Machtstellung gründeten die Wittelsbacher Herzöge zu Beginn des 14. Jhs. eine Reihe von Marktflecken an Stellen, wo bis dahin nur Landgüter oder alte Siedelstellen bestanden hatten. Darunter Eggenfelden, das früher *etinvelt* hieß. Der wittelsbachische Straßenmarkt als langgezogener und repräsentativer **Stadtplatz** mit dem kleineren Fischbrunnenplatz und dem einzigen erhaltenen Tor (Grabmeiertor) bildet das lebendige Zentrum.
Die Giebel und Steildächer erinnern an die Landshuter Optik, größtenteils werden sie von Blendfassaden verdeckt. Ein Schmuckstück ist das **Haberland-Haus** mit neugotischer Fassade, fein ziselierten Fensterumrandun-

Dominiert das Stadtbild: das mächtige Bauwerk der gotischen Pfarrkirche, ein Wahrzeichen des oberen Rottals.

Das »Stadtradl« von Joseph Michael Neustifter, einer von zahlreichen satirisch-allegorischen Plastiken und Brunnen.

gen und Marienbild im Giebelfeld. Am nördlichen Stadtplatz ist das alte Rathaus aus dem 14. Jh. erhalten, heute zeigt es sich mit barockem Schweifgiebel.
Im Süden des Platzes fällt das im Kern gotische **Luibl-Haus** ins Auge, einst Teil der Befestigungsanlage, heute Gaststätte. Jenseits der Mertsee, die wohl auch den Stadtgraben bildete, steht das **Heilig-Geist-Spital,** 1492 zur Versorgung »hausarmer« Leute gestiftet, heute als Stiftung von Laien verwaltet.

Satirisch-allegorische Brunnen

Den **Marienbrunnen** am südlichen Stadtplatz gestaltete ein Sohn der Stadt, Joseph Michael Neustifter, der mit satirisch-allegorischen Brunnen über Bayern hinaus bekannt wurde. Wie meistens bei Stadtbrunnen sind Anspielungen auf Geschichte und Gegenwart eingefügt. In den Gesichtern der Wasserspeier kann, wer will, verdiente und streitbare Bürger erkennen. Von Neustifter ist auch das **»Stadtradl«** vor dem neuen Rathaus gleich um die Ecke: Der Bürgermeister dirigiert die sich abstrampelnden Fraktionen. Den Werken des Bronzebildhauers begegnen wir noch mehrmals. Wen erfreute nicht der **»Saubrunnen«** hinter der Sparkasse: Mit einem lachenden und einem weinenden Auge sieht die »arme Sau« den fließenden Geldern der »reichen Sau« zu. Auf Kosten der beiden vergnügt sich die »faule Sau« (nördl. Stadtplatz rechts an der Pfarrkirchnerstr).
An der Außenwand der Sparkasse findet sich der **Sämann** von Hans Wimmer, seitlich des Kirchenaufgangs ein **Christophorusbrunnen** des Landshuters Christoph Zeiler. Im Park westlich des Stadtplatzes geben die »Sitzenden« des Berliners Lothar Fischer ein Bild der Muße vor.

Aus dem wittelsbachischen Straßenmarkt des 14. Jh. ging das lebendige Einkaufszentrum der Altstadt hervor.

Im **Rathaus,** dem neuen (s. u.), ist ein Faltblatt erhältlich, das alle Brunnen und Skulpturen verzeichnet, darunter Werke von Willi Baumeister und eine Allegorie von Rudolf Huber-Wilkoff auf die Inspiration.

Sakrale Glanzlichter

Und jetzt den schmalen Durchgang im Norden des Stadtplatzes zur Kirche hinauf: Er führt zunächst zur **Kapelle Sankt Anna** aus dem 15. Jh. Die als Lourdesgrotte gestaltete Unterkirche ist selten zugänglich. Im oberen Teil wurde Al-Secco-Malerei aus Spätgotik und Frühbarock freigelegt. Mit vielen Details sind Gastmahl und Begräbnis des reichen Prassers (Herodes) dargestellt, eine Art Vorläufer des »Jedermann«. Dazu Bildnisse von Mariä Himmelfahrt und Krönung, eine Ährenkleid-Madonna und Groteskenmalerei.

Mit seinen 76 m Höhe ist der Westturm der **Stadtpfarrkirche Sankt Nikolaus und Stephan** weithin sichtbar. Während der Bauzeit im 15. Jh., einer Zeit wirtschaftlicher Blüte, zählte Eggenfelden kaum 1000 Einwohner. »Das geistige Klima des ausgehenden Mittelalters, die Zeit der Spätgotik, ist gekennzeichnet durch religiöse Ergriffenheit …, unsere Vorfahren haben weitgehend das gesamte Bruttosozialprodukt für das sakrale Bauwesen aufgewendet«, schreibt Kreisheimatpfleger Josef Haushofer.

Durch die Seitenkapellen wirkt der Raum der Eggenfeldener Kir-

che, eine der schönsten im Rottal, fünfschiffig und das reiche Netzrippen- und Sterngewölbe kommt architektonisch reizvoll zur Geltung. Als kunsthistorisch wertvoll gelten die spätgotischen Bildwerke von Mariä Krönung durch die Dreifaltigkeit sowie Christus mit den zwölf Aposteln.
Jenseits der Kirche, vor den Mauern des Franziskanerklosters, hat Neustifter dem Pater Johannes Still einen Brunnen gewidmet. Dem Pater gelang es in den Drangsalen des Dreißigjährigen Krieges, den Markt von Willkürakten der schwedischen Soldateska freizukaufen.
Das **Theater an der Rott** in der Pfarrkirchnerstraße ist eine Landkreisgründung von 1963, die einzige ihrer Art in Deutschland. Eigeninszenierungen (Schauspiel, Ballett, Märchen) wechseln mit Gastspielen und Konzerten. Spielzeit Mitte Sept. bis Ende Juni, im Sommer auch Freilichtspiel (Karten: 08721-8181 Di-Fr 9-12 und 17-19 Uhr.

Experimente im Ross-Stall von Gern

Der Ross-Stall mit böhmischem Kappengewölbe ist ein Treffpunkt, auf den auch die junge Generation fliegt. In diesem Teil der ehemaligen Schlossökonomie Gern, zu Fuß durch den Sportpark Stadtmitte, mit dem Auto über die Umgehung zu erreichen, finden Ausstellungen experimenteller Kunst, Konzerte, Diskussionen, Lesungen einen schönen Rahmen. Am Schlosshof gelegen, kann sich das Leben drinnen wie draußen abspielen. Voraussichtlich ab 2001 wird der gotische Steildachstadl (einst Speicher) ein Gerner Hofmarksmuseum aufnehmen.
Von früherer Schlossherrlichkeit – Gern war einmal die bedeutendste Hofmark im Rottal – stehen noch das Brauereigebäude und die Dorfmitte.
Die **Pfarrkirche Sankt Georg** am Schlossteich wurde, mit Ausnahme des gotischen Eingangsbereichs, barockisiert und 1763 von Anton Scheitler mit Deckenmalerei versehen. Epitaphien erinnern an die Freiherren von Closen,

Am Dienstag und Freitag ist auf dem Rathausvorplatz Wochenmarkt.

Das Netzrippen- und Sterngewölbe erhöht die Wirkung des Innenraums der Stadtpfarrkirche St. Nikolaus und Stephan.

Jahrhunderte Hofmarksinhaber. 1856 ging der Besitz an den Neffen über und 1938 durch Heirat an die Grafen Lösch. Jenseits des Schlossteichs, wo einst eine befestigte Burg stand, wohnt die Besitzerfamilie.
Die lange Auffahrtsallee westlich der Umfassungsmauer führt durch ein schmiedeeisernes Tor und mündet in den Vorplatz des 1921 abgebrannten neueren Schlosses, das in barocker Herrlichkeit zunächst die Burgfeste als Wohnsitz der Hofmarksinhaber abgelöst hatte. Ein Resttrakt wurde zu Büros umgebaut und erweitert. Im Süden des Schlosskomplexes öffnet sich der Lichtlberger Wald, einst Jagd- und Fischereigrund. 600 Jahre alt ist die Gerner Dult. Der »Gerner« – berühmt wie der »Kahamer« bei Bad Griesbach – ist alle Jahre früh im Festkalender des Rottals, schon Mitte April, ein beliebtes Volksfestvergnügen mit Warenmarkt und Feuerwerk. Früher spielte der Viehhandel eine herausragende Rolle.
Die Stadt an der »Blauen Route« verfügt über alle Schulen, auch Montessori- und Wirtschaftsschule, Musik- und Ballettschule, TZ-Therapie-Tanzzentrum inkl. Jazzdance, Sport- und Freizeitpark. Freibad beheizt mit 50 m-Schwimmbecken, Wildwasserkanal, Massagepilz und 76 m-Rutsche. Hinterm Stadttor rechts Richtung Taufkirchen.
Auskunft durch die Stadt 84307 Eggenfelden, 08721-7080, Fax -70810,
Internet: www.eggenfelden.de
E-mail: stadt@eggenfelden.de
Verkehrslandeplatz Zainach: zugelassen für mehrmotorige Flugzeuge und Instrumentenflug, Zollabfertigung 9 Uhr bis Sonnenuntergang, spätestens 19 Uhr, in Notfällen auch nachts, 08721-96380, Fax -963819.
Bahnstationen Eggenfelden und Altenburg. Der Rottal-Radwanderweg berührt die Stadt im

Süden und führt über Gern weiter in die Auenlandschaft.

Feste & Märkte

GERNER DULT: Mitte April um den Georgitag
HANDWERKSSCHAU regional in Gern, alle zwei Jahre Mitte Mai, Auskunft 08721-2101
BÜRGERFEST Ende Juni/Anf. Juli, Volksfest wechselnd
WOCHENMÄRKTE Di und Fr Rathausvorplatz
JAHRESMÄRKTE verkaufsoffen: Palmsonntag, 1. So im September, 3. So im Oktober, Christkindlmarkt 3. Advent bis kurz vor Weihnachten.

Gebäude und Anlage der ehemaligen Schlossökonomie von Gern lassen die einstige Größe erkennen. Zum Gerner Markt kamen im Mittelalter sogar die Fugger.

GASTLICHKEIT

Hotel Bachmaier, gutbürgerlich elegant, auch für Feste und Tagungen; vielseitige Küche, Schönauerstraße 2, 08721-97100; ⌂⌂
»Stadtwache« im Grabmeiertor, Weinstube und gemütliches Abendrestaurant ab 17 Uhr, Treffpunkt des Theaterensembles und seiner Freunde nach der Vorstellung (Mo Ruhetag). Tel. 1489.
»Der Luibl«, Café, Bar, Restaurant, südl. Stadtplatz, 11 bis 1 Uhr nachts. Tel. 08721-9678.
Il Localino Ristorante hinterm Grabmeiertor links (Stadtparkeingang) mittags/abends, Gastgarten, Tel. 08721-4557.
Weitere Gaststätten, Cafés, Bistros am Stadtplatz und Rathausplatz. Bars, Pubs, Musikcafé, Tanzbar und Multiplex-Kino am Schellenbruckplatz (Gewerbegebiet).

Egglham

Die Gotteshäuser der Pfarrei stehen wenige Kilometer auseinander südlich von Aidenbach/Aldersbach: kleine ländliche Kirchen, kostbar ausgestattet, so dass es lohnt, den Schlüssel dafür zu erbitten.

Wie Aldersbach wurde auch die barocke **Marien-Wallfahrtskirche von Frauentödling** 1728 von Domenikus Magzin erbaut. Ranken, Bandel- und Gitterwerk überziehen Bogen und Wölbungen. Figuren der Eltern Mariens flankieren das Altarblatt: der hl. Joachim und die hl. Anna, hier als Anna selbdritt mit der noch jungen Maria und dem Jesuskind dargestellt. Seitlich des Eingangs das Bildnis der Barbara Wagner, genannt Ölbrenner-Waberl. Es erzählt die Legende von Frauentödling, wonach die vom Teufel Besessene verkündete, sie könne nur genesen, wenn die Kirche in zwei Jahren vollendet werde. Wurden so die Pfarrkinder zu Spenden angehalten? Barbara, so heißt es, habe demütig wieder und wieder den Boden geküsst. Gottesdienste an Marienfeiertagen. Schlüssel bei Herrn Krauß, 08543-4163.

Martinstödling ist eine Ansiedlung weniger Höfe um eine kleine Kirche von 1484. Nach einem Brand erhielt sie 1772 den kostbaren **Akanthus-Altar,** den Jakob Christian Bendl ursprünglich für die Wallfahrtskirche Sammarei gefertigt hatte. Der Altar gilt als Frühwerk welscher Laubwerkschnitzerei im böhmisch-ostbayerischen Raum. Akanthus ist eine Bärenklauart, deren Ranken und Blattmuster bis in unsere Tage für feinsten Silberschmuck übernommen werden. Altäre mit vergoldeten, filigranen Schnitzereien gibt es im Rottaler Umfeld auch in Oberegglham, Postmünster (kleiner Seitenaltar) sowie in den Stiftskirchen von Ranshofen und Suben/Österreich. Den Schlüssel für Martinstödling verwahrt Familie Hödl unterhalb der Kirche, Tel. 08543-1337.

Der Akanthusaltar (1772) in der Kirche von Martinstödling, ein Frühwerk der Laubwerkschnitzerei.

In Ering am Inn am Zugang zum Europareservat ist die überkommene Ortsstruktur erhalten, der Ortskern wurde saniert.

Die 1751 vollendete Rokoko-Kirche von **Oberegglham** steht auf den Grundmauern eines spätgotischen Baus. Illusionsmalerei umschließt Gemälde der Krönung Mariens und des hl. Bernhard. Eine Rarität: Maria ist auf einem der Gemälde mit dem wunderkräftigen Milchstrahl abgebildet. Ein Kleinod die Schutzmantel-Madonna im Oval. Der vergoldete Akanthus-Altar rahmt ein Bild des hl. Jakobus. Schlüssel bei Frau Sonnleitner, Tel. 08543-4920, wo auch die Zufahrt erläutert wird.
Es ist gute Sitte geworden, sich für das Aufschließen mit einem Trinkgeld zu bedanken.

Ering am Inn

Östlich von Simbach an der B 12 gelegen, ist es von Ering nicht weit zum **Europareservat Unterer Inn** mit Info-Zentrum und Ausgangspunkt für Führungen. Sehenswert die altüberkommene Ortsstruktur und die restaurierte Wallfahrtskirche St. Anna.
Ering steht auf altem Inntaler Siedlungsgrund, einst umgeben von den Burgen Erneck, Julbach und Stubenberg. Heinrich der Löwe soll hier einen Thing (Gerichts- und Landtag) abgehalten haben. Das Schloss in heutiger Gestalt stammt aus dem 18. Jh. und ist als Privatbesitz der gräflichen Familie Esterhazy von Galantha nicht zu besichtigen. Saniert wurden der Ortskern und die ehemalige Mälzerei. Gasthäuser und ein »Tante-Emma-Laden« im Jahrhunderte alten Holzhaus laden zur Einkehr.
Die von Hans Wechselberger 1478 erbaute **Pfarrkirche Mariä Himmelfahrt** verfügt am Portal über eine reizvoll in Stein gehauene Schutzmantelmadonna. Das Grabmal-Relief der Baumgartner – im 16. Jh. die Schlossherren – zeigt Christus den Auferstandenen mit den vier Evangelisten. Der Taufstein mit Maßwerkverzierung stammt von 1408.
Nördlich der B 12 wurde die einstige **Wallfahrtskirche St. Anna** mit Fresken und gotischen Glasbildern restauriert. Das Kirchlein

war von Braunauer Kaufleuten gestiftet worden, nachdem sie in Schiffsnot geraten waren. In der Kapelle befindet sich die Familiengruft der Grafen von Esterhazy. Schlüssel im Haus unterhalb der Kirche.

Erlach

Unweit der B 12 bei Simbach steht eine kleine spätgotische Kirche mit Barockhaube, Kleinod der Sakralkunst im Inntal mit lebensgroßer **Christusfigur auf dem Palmesel.** Der Besuch ist nur während der Gottesdienstzeiten möglich. Als Erbauer kommt Stephan Krumenauer, der Architekt der Braunauer Stadtpfarrkirche, in Betracht. Gerühmt wird der künstlerische Rang des Figurenschmucks wie auch der restaurierten Rankenmalerei unter dem Netzrippengewölbe (16. Jh). Unterhalb der Empore steht ein hölzerner Palmesel mit dem reitenden Christus in Lebensgröße, wie er früher – in Kösslarn bis heute – bei der Palmsonntagsprozession mitgeführt wurde. Die Skulptur ist um 1500 entstanden. Gelegentlich finden in diesem Mariä Himmelfahrt geweihten Gotteshaus Konzerte statt, auch die junge Kölner Philharmonie spielt.

Links: Abendstimmung am Europareservat Unterer Inn. Unten: Die Skulptur des lebensgroßen Christus auf dem hölzernen Palmesel in der Kirche von Erlach ist um 1500 entstanden.

Frauentödling

ehemalige Wallfahrtskirche mit Legende vom Ölbrenner-Waberl (→ Egglham)

Fürstenzell

Als »Dom des Rottals« wird die reich ausgestattete doppeltürmige **Klosterkirche** 15 km nördöstlich von Bad Griesbach/B 388 bezeichnet, die Bibliothek gilt als Beispiel für beschwingte Raumgebung und Freude an Allegorien in der Zeit des Rokoko.
Die spiegelnden Marmorfußböden und der bildhauerische Schmuck lassen leicht den Anfang der Klostergründung vergessen. 1274 hatte der Passauer Domherr Mönche des nahen Zisterzienserklosters Aldersbach eingeladen, den verfallenen Hof »Zell« zu besiedeln und die sumpfige Gegend urbar zu machen. Der Herzog unterstützte die Mönche, indem er Vogtfreiheit, Zollerlass und den Status der Niedergerichtsbarkeit gewährte. So gab sich das Kloster den Namen *cella principis* – Fürstenzell. Als 1622 die Kirche abbrannte, versuchten sich verschiedene Baumeister an einem Neubau, bis 1748 der bereits zu Ruhm gekommene Johann Michael Fischer das Werk vollendete. Bezeichnend für den Übergang vom Spätbarock zum Rokoko lag ihm an einer Architektur, die festliche Beschwingtheit ausdrücken sollte. Er erreichte dies, indem er die Bauelemente in Beziehung zueinander setzte. Bei der Ausstattung wirkten der Tiroler Freskant Johann Jakob Zeiller, der Münchner Hofbildhauer Johann Baptist Straub und der Kösslarner Stuckateur Johann Baptist Modler zusammen. Die **Klosterbibliothek** mit kunstvoll durchbrochenen Galeriebrüstungen hat um 1760 Joseph Deutschmann mit allegorischen Figuren gefüllt. Die Farbtöne des Raums – Rosa, Braun, Silber und Gold – die zierlichen Rokokotische, die Leichtigkeit der Trep-

Die Klosterkirche Fürstenzell, ein Werk des Baumeisters Johann Michael Fischer, wurde 1739-1748 errichtet.

Die Rokokobibliothek mit ihrem reichen plastischen Schmuck ist eines der gelungensten Werke von Joseph Deutschmann.

penaufgänge zur Galerie lassen an die Eleganz mozartscher Übergänge denken. Im Sommer finden Konzerte und Lesungen, auch Märchenseminare statt.
Seit 1931 ist das Kloster im Besitz der in Frankreich zunächst für Aufgaben in Neuguinea gegründeten Gesellschaft Mariens, des Maristenordens, in den Patres und Schwestern eingebunden sind.
Nur einmal am Tag, um 15 Uhr, kann die Bibliothek besichtigt werden. Ein Pater erläutert die Figuren, wie auch die Bilder zum Thema Mathematik im Klosterhof. Ein paar Beispiele: Die Elemente, die Jahreszeiten, sind dargestellt. Da ist der Streit um die Flöte, der durch Askese in kontrollierte Bahnen gelenkt wird. Die Schwertkämpfer schlagen sich um Gerechtigkeit, beim Paar gegenüber fassen die Kämpfer ihr Gefecht nur mehr als Spiel auf. Bücherwissen dient dem einen Studenten als Lebensweisheit, als Kopfstütze nutzt es ein anderer.
1948 nahmen die Klostermauern ein Knabengymnasium auf. Daraus entwickelte sich das meistbesuchte Gymnasium im Landkreis Passau, von einem Pater geleitet, mit humanistischem, neusprachlichem und wirtschaftswissenschaftlichem Zweig. Das geistliche Zentrum des Klosters bietet Seminare an. Auskunft Maristenorden 94081 Fürstenzell,
Tel. 08502-1578, Fax -8150.
Bibliotheksführung: Mitte Febr. bis 30. Nov. werktags 15 Uhr. Die Restaurierung der Kirche soll Ende 2000 abgeschlossen sein, der Altar wird an den ursprünglichen Standort gerückt.

Gangkofen (→ Heiligenstadt)

Gern

Schlossökonomie und ehemalige Hofmark, heute kulturell genutzt (→ Eggenfelden)

Grongörgen

Im volkstümlichen Dialekt wurde aus Gregor dem Großen, Papst von 590 bis 604, »Grongörgen« (großer Gregor). Die **gotische Wallfahrtskirche** bei Haarbach ist ihm geweiht.

Um 1480 von Mönchen des Prämonstratenserstifts St. Salvator errichtet, ist das kunsthistorische Kleinod auch als Ort des Gebets sehr beliebt. Der Schreinaltar stellt die spätgotische Holzfigur des Papstes in den Mittelpunkt. Im Scheitel des Chorbogens ein Fresko des Erlösertods mit Maria und Lieblingsjünger Johannes.

In einer Nische oberhalb der schmiedeeisern beschlagenen niedrigen Tür zur Sakristei (unterhalb des Sternrippengewölbes) befindet sich das Originalfresko des hl. Gregor aus der Erbauerzeit. Glasbilder zeigen den Ritter, den hl. Stephanus und Sebastian, den hl. Georg und Christophorus sowie Christus als Schmerzensmann und Maria mit dem Jesuskind.

Als Wallfahrtsheiliger stand zunächst Gregor im Vordergrund: der Gregorianische Choral als Teil liturgischer Neuordnung geht auf ihn zurück.

Der **Leonhardi-Umritt** findet am 1. Novembersonntag mit Lichterprozession und Segnung der Tiere – immer auch der frei lebenden – großen Zuspruch. Wer an einer Messe teilnimmt, wird die historische Orgel mit seltener Pfeifenart kennenlernen.

Die Kirche ist von April bis Ende Oktober tagsüber offen sowie zu allen Messen (Auskunft Pfarrei Haarbach 08535/261). Richtung Ortenburg sind weitere sakrale Kostbarkeiten zu entdecken: Sammarei und St. Salvator (s. u).

Die Wallfahrtskirche Grongörgen ist auch Ziel eines Leonhardiritts im November.

Heiligenstadt/Gangkofen

Etwa 20 km westlich von Eggenfelden, 7 km über Massing hinaus steht auf einer Anhöhe südlich der B 388 die kunsthistorisch interessante einstige Wallfahrtskirche St. Salvator. Gangkofen war Sitz einer Kommende der Deutschordensritter aus Preußen.

Der Hügel trug schon eine romanische Basilika. Im 15. Jh. entstand der gotische Neubau, dem Mitte des 18. Jhs. eine barockisierende Architektur folgte. Chor und Turm sind gotisch, Teile des Westeingangs bewahren den romanischen Ursprung. Die gezimmerte gotische Vorhalle schützte zur Wallfahrtszeit die Auslagen der Devotionalienhändler. Hier erwarb der Pilger eine geweihte Kerze, um sie für St. Salvator, den Heiland, anzuzünden. Ein geschnitztes Kreuz, ein Rosenkranz begleitete ihn nach Hause. Ein hochwertiges spätgotisches Kulturdenkmal ist der reich geschnitzte **Flügelaltar.** Wer ihn nicht nur von ferne vom Eingang durch ein Gitter betrachten will, kann sich von Herrn Göbel im Haus gegenüber aufschließen lassen oder im voraus eine Verabredung mit der Pfarrei treffen (Tel. 08722-266).

Zwei Ausschnitte aus dem spätgotischen Hochaltar in der ehemaligen Wallfahrtskirche von Heiligenstadt.

Im Zentrum des dreiteiligen Schnitzaltars thront Christus als Salvator mundi – Erlöser der Menschheit – von musizierenden Engeln umgeben. Die seitlichen Reliefs geben links Verkündigung und Geburt, rechts Maria und Elisabeth und die Anbetung der hl. drei Könige wieder.
Die Grablegung Christi im unteren Feld ist von Gemälden der Himmelfahrt Christi und des Kirchenstifters Perchtold von Sachsenheim flankiert. Die Altarrückseite, über und über mit Gemälden geschmückt, zeigt den Kreuzweg und eine Darstellung des Jüngsten Gerichts. Zu Buß- und Fastenzeiten werden die Seitenflügel geschlossen und die Passionsgemälde sind zu sehen.
Im linken Seitenflügel neben der Grablegung ist der Kirchenstifter im Gewand eines Deutschordensritters abgebildet. Dies hängt mit der im Alpenvorraum wohl einmaligen Gründung der **Kommende** (Niederlassung) des in Preußen und Litauen beheimateten geistlichen Ritterordens zusammen. Graf Wernhard II. von Leonberg soll während einer Wallfahrt in Kontakt mit dem Orden gekommen sein, 1278/79 gründete er die Kommende in unmittelbarer Nachbarschaft zur Siedlung Gangkofen. Wenn die Lebensdaten des Stifters nicht exakt mit dem Datum 1480 im Mittelfeld der Predella übereinstimmen, so können wir davon ausgehen, dass Altarbilder nachträglich eingefügt oder ausgewechselt wurden.
Die Ordensgebäude sowie der in früher wittelsbachischer Zeit (um 1250) zum Markt erhobene Ort **Gangkofen** sind mehrmals abgebrannt. Was wir heute vorfinden, ist die Anlage des 15. Jhs. mit teilweise erneuerten Gebäuden. Es lohnt sich, das gotische Spitzgiebel-Rathaus zu betreten, in dem Stiche alter Ortsansichten zu sehen sind. Von der Marktmitte gelangt man zum Hofkarree der Ordensgebäude. Sie dienen als Pfarrei und die Armen Schulschwestern unterhalten einen Kindergarten. Die örtliche Pfarrkirche Mariä Himmelfahrt ist ein Barockbau (Anfang 18. Jh.).

GASTLICHKEIT

Verschiedene Gasthäuser am Marktplatz, u.a.
Café und Hotel Danner am Marktplatz 13; ⌂, Tel. 08722-255, Gaststätte Mo/Di 8-17, Mi-Fr 8 Uhr bis spät abends, Sa/So außer an Markttagen geschlossen. Die Gaststube ist mit Werken von Malern aus der Region geschmückt.
Brauerei Seemannshausen, einst Augustiner-Eremitenkloster, mit Gastgarten unter Bäumen und Bierstübl im Gewölbe, etwa 2 km nördlich. Naturtrübes Bier vom Fass, hausgemachte Wurst. Fr/Sa /So 15-24 Uhr. Tel. 08722-8503.

Karpfham

Die Pferde-Zuchtschau und der berühmte Zehnerzug anlässlich des größten Volksfests im Rottal haben den kleinen Ort unterhalb des Bad Griesbacher Badehügels bekannt gemacht. Gefeiert wird das **Karpfhamer Volksfest** mit Landwirtschaftsschau nach der Ernte Ende August.

Die Karpfhamer führen ihr Fest auf einen Gerichtstag Heinrichs des Löwen 1162 zurück. Dass dieser stattfand, ist aktenkundig. Warum ausgerechnet das kleine Dorf Bischöfe, Prälaten und den Adel versammelte, erklären Historiker mit der Lage zwischen den streitenden Parteien, dem Kloster Reichersberg und den Grafen von Bogen. Spielte auch eine Rolle, dass die Herren von Griesbach als Gastgeber fungieren konnten?

Sobald Ende August die Felder abgeerntet sind, werden sie in Karpfham als Parkplätze ausgesteckt. Zum Fest ist dann alles aufgeboten, was zu einem zünftigen bayerischen Volksfest gehört: Bierzelte, in denen Weißwürscht und süßer Senf und Radi durch ein breites Sortiment Rottaler Schmankerl ergänzt werden. Blasmusik und heiße Rhythmen bringen das Festpublikum in Stimmung. Karussells und Buden gehören dazu, Landwirtschaftsschau, Feuerwerk und am Eröffnungssamstag die Pferde-Zuchtschau mit Springreiten und Vorführung des **Zehnerzugs** (s. S. 30). Sehenswert die spätgotische Kirche mit Netzrippengewölbe und floralen wie figürlichen Deckenmalereien. Über dem Portal David, der die Harfe spielt.

Über Camping, Angeln, Ferienquartiere im Raum Karpfham und Singham s.u. Bad Griesbach.

Kösslarn

Brauchtum und religiöse Feste sind im einstigen Wallfahrtsort Kösslarn gelebte Tradition. Hier ist Südostbayerns einzige **Wehranlage um ein Gotteshaus** erhalten. Im Rahmen des Bauernmarktes finden Führungen statt.

Das Rottaler Hügelland hat zahlreiche Gründungslegenden hervorgebracht. In Kösslarn geht sie so an: Auf einem Ausritt begegnete der Ortenburger Graf nah dem Einödhof »im Köstl« einem Bettler. Er zügelte sein Pferd und gab dem Mann ein Almosen, währenddessen sein Knecht ein Sträußchen von einer Krawittstaude brach. Kurz darauf am Bach scheuten die Pferde. Die Reiter versuchten es an anderer Stelle, vergeblich. So kehrten sie um und untersuchten den Strauch, bei dem der Bettler sie aufgehalten hatte. Ein Muttergottesbild voll himmlischen Glanzes schaute sie an. Dass bald danach der Kösselbauer, schwer erkrankt, sich dem Gna-

denbild anverlobte und genas, bildete den Beginn der Wallfahrt. Die Gläubigen errichteten eine Holzkapelle, die jedoch einer Brandschatzung zum Opfer fiel. 1440 wurde die heutige gotische Kirche erbaut.
Um den Geldsegen der Pilger, die ja am Ort bewirtet wurden und den Schuster sowie andere Werkstätten in Anspruch nahmen, zu schützen und vor allem den Bürgern in kriegerischen Zeiten eine Zuflucht zu bieten, wurde sie mit Mauern und Wehrgängen umfriedet. Die Anlage lässt noch Schießscharten erkennen und schließt an der Nordseite das Benefiziatenhaus und das ehemalige Mesnerhaus mit ein, im Süden die Pfarrei.
Die Kirche, mehrmals erweitert, der Turm mit barockem Helm versehen, wirkt sehr harmonisch proportioniert. Stern- und Rautengewölbe mit Rankenmalerei und den Symbolen der vier Evangelisten sind Florian, Johannes, Leonhard und Sebastian gewidmet. Als Rahmen für das Gnadenbild wurde ein prächtiger Altar aufgerichtet.

Die Silbermadonna

Aus dem aufgehäuften Silber hatten die Kösslarner 1485 beim Passauer Goldschmied Balthasar Waltensberger eine Silbermadonna in Auftrag gegeben. Dieses Kleinod der Schmiedekunst überlebte

Im 15. Jh. hatte die Marienwallfahrt nach Kößlarn ihre höchste Blüte. Die gotische Wehrkirche wurde 1440 errichtet.

alle Übergriffe, selbst die Säkularisation, als die Wallfahrten aufgehoben und alle kirchlichen Schätze vom Staat vereinnahmt wurden. Die Silbermadonna wird im Kostbarkeitenschrein des Glockenturms (vom Kirchenraum einsehbar) aufbewahrt, neben Votivgaben und dem hölzernen Christus auf dem Palmesel. Die Christusfigur begleitet die Palmsonntagsprozession, ebenso die Madonna, die auch zum Fronleichnamsumzug im Juni und beim großen **Festzug zum Erntedank** am zweiten Sonntag im September mitgeführt wird. Niemand

wird an diesem Tag fehlen, der Pfarrer im Mittelpunkt, Politiker im Gefolge, Ordensschwestern, Behörden, Vereine mit ganzen Familien in Tracht, Musikanten; die Pferde sind geschmückt, die Wagen mit Erntegut beladen. Mancher zeigt sich auch in historischem Gewand.
Seitlich des Kostbarkeitenschreins im Turm ist eine den Jahreszeiten angepasste **Krippenausstellung** zu sehen. Im Torhaus der Wehranlage ist ein Wallfahrtsmuseum geplant. Von März bis Nov. findet am Do von 13-16 Uhr in und vor der Raiffeisen-Markthalle ein **Bauernmarkt** statt, auf dem vom Gemüse über das Bauerngeräucherte bis zum Most und Honigmet verkauft wird, was aus heimischer Ernte an Köstlichem hervorgebracht wird. Um 15.30 Uhr ist eine Führung durch Kirche und Wehranlage angesagt (Rückfragen bei Herrn Holob, Tel 08536-512).

GASTLICHKEIT

Kleinstbrauerei und Gaststätte mit 500 Jahre alter Holzbalkendecke im **Weißbräu** der Familie Brunner, Marktplatz, 9 Uhr bis spät abends (Di Ruhetag), bodenständige Küche, Flugente auf Bestellung.
Gasthof Alte Post am Marktplatz, Zimmer ⌂, Tel. 08536-912166, 8 Uhr bis spät abends (Mi Ruhetag). Eigene Metzgerei.
Gasthaus Bimesmeier, Oberer Markt, Zimmer ⌂, früh bis spät abends (Mo Ruhetag), bayerische Küche, Tel. 08536-96000.

Auch die Pilger von heute werden in Kößlarn gastlich aufgenommen, z.B. im Gasthof zum Weißbräu mit Hausbrauerei.

Langwinkl

Die fotogene kleine Barockkirche mit Zwiebelturm auf einem Hügel hoch über dem Tal der Rott blickt auf Bayerbach-Birnbach, im Süden nach Thanham und die Straße nach Kösslarn. An Bau und Ausstattung wirkten italienische Meister mit, die auch den Dom von Passau und die Gartlbergkirche in Pfarrkirchen gestaltet haben.
Die Geschichte der Entstehung des Gotteshauses ist im Mirakelbuch des 17. Jhs. als wahr bezeugt. Johann Grienwald, stumm geborener Schmiedsohn aus Salzburg, soll bei einer Kur- oder Wallfahrtsreise auf der Anhöhe von Langwinkl ein Bild von Mariä Heimsuchung gefunden haben. Wie ihm Maria im Traum befohlen hatte, stiftete er eine Kapelle.
Auf diesem Vorläuferbau gründet die frühbarocke Marienkirche. Der Außenbau von Bartholomäo Viscardi folgt dem Entwurf Zuccalis für die Gartlbergkirche. Die zarten Deckenfresken des Passauers Carl Adam im Presbyterium wurden von Giovanni Battista Carlone und Paolo d'Alio mit Ranken- und Blütenmotiven eingefasst. Die Kanzel wurde mit Akanthus-Laubschnitzwerk umgeben. Im Presbyterium ist die Lebenserfüllung durch die Aufnahme der Seele in den Himmel dargestellt, im Langhaus die leibliche Himmelfahrt.

TIPP: Lanz-Museum

Eine Sammlung alter landwirtschaftlicher Maschinen, u. a. einer Dampfdreschmaschine (ältestes Modell von 1877) zeigt Leo Speer (»Lanz-Leo«). Die Maschinen sind funktionstüchtig und kommen beim Hoffest im August zum Einsatz. Zum Museum gehört ein gemütliches Bierstübl. Anm. sinnvoll: 08721-1203. Mitterrohrbach (über Hebertsfelden-Falkenberg, der Weg ist ausgeschildert).

Ein Schmuckstück im Rottaler Hügelland ist die kleine Barockkirche von Langwinkl, deren Entstehungsgeschichte das Mirakelbuch aus dem 17. Jh. verzeichnet.

Massing

Bei Massing denkt man an das Bauernhof-Freilichtmuseum oder die malende Ordensschwester Berta Hummel. Der Markt bietet auch einen Bahnhof als Kunst-Denkmal, die Galerie Hofmeisterhaus und das »Monokel«: Pub, Bistro, Kleinkunstbühne.

Vor rund 100 Jahren wurde die Rottalbahn gebaut, auch »Bockerl« oder mundartlich »Boggal« genannt. Die Station Massing besteht nach wie vor, das Bahnhofsgebäude aber wurde abgerissen. An seiner Stelle richtete der Münchner Maler-Architekt Manfred Mayerle eine transparente Holzkonstruktion auf, wetterfest angestrichen, türenlos, türenfrei. Der alte Bahnhof also ist immer noch da – als Designkunst. Massing wurde früh als bajuwarischer Edelsitz gegründet, Marktrechte bestehen seit dem 14. Jh. Die Blendfassaden am Marktplatz stammen aus dem 17./18. Jh. Johannes dem Täufer ist die gotische Pfarrkirche geweiht, der Schmerzhaften Muttergottes die Kapelle in der Marktmitte.

Berta-Hummel-Museum

Das Berta-Hummel-Museum präsentiert einen Querschnitt durch das künstlerische Werk Berta Hummels. Nicht nur die umfassendste Sammlung alter Hummel-Figuren ist zu sehen, die Biographie und der künstlerische Werdegang bis zum Abschluss des Studiums an der Staatsschule für Angewandte Kunst in München werden gezeigt. Ein Teil der Ausstellung ist der Zeit gewidmet, die Berta Hummel als Schwester Maria Innocentia im Franziskanerinnenkloster in Sießen verbracht hat. Das Museum zeigt auch Porträtstudien und Aquarelle, Werke der »anderen Berta Hummel«, die bisher wenig bekannt sind.

Der Leonhardi-Brunnen Joseph Michael Neustifters vor dem Hintergrund der Blendfassaden am Marktplatz.

Zu den wenig bekannten Werken der »anderen Berta Hummel« zählt dieses Selbstporträt der Künstlerin.

Museumsladen. Eintritt: Erw. 6 DM, Gruppen ab 15 Pers. 5 DM, ermäßigt 2,50 DM, Kombikarte mit Freilichtmuseum 9 DM
Berta-Hummel-Str. 2.
84323 Massing
Tel. 08724-960250
Fax 08724-960299
e-Mail: Info@hummelmuseum.de

Als Galerie für Avantgarde der Malerei und Skulptur hat sich das **Hofmeisterhaus** einen guten Ruf erworben. Experimente im Atelier, Ausstellungen Frühjahr bis Ende Juli, Okt. bis Weihnachten, teils auch im Winter. Tel. 08724-1628, Fax -362. In Ausstellungszeiten Fr-So 14-18 Uhr und nach Vereinbarung. Wolfseggerstraße hinter dem Bahnübergang.
Das **Monokel,** abends geöffneter Pub und Bistro, lädt einmal im Monat zur Rockmusik im Wechsel mit Kabarett und Kleinkunst ein. Eggenfeldenerstraße 1, Tel. 08724-8099.

Freilichtmuseum Massing

Am westlichen Ortsausgang von Massing erstreckt sich das Gelände des Freilichtmuseums mit mehreren Bauernhöfen. Es sind denkmalgeschützte Zeugnisse regionaler Bauernhauskultur vom frühen 17. bis Mitte des 19. Jhs. Die Höfe wurden am Ursprungsort abgetragen und in Massing wieder aufgebaut. Mostapfel- und Birnbäume säumen die Auffahrt. Man begegnet Hühnern und Pfauen mit ihren Küken, Gänse zischeln im Gatter, auf dem Dach gurren die Tauben. Auch der Schweinekoben mit Suhle ist zeitweilig belegt und am Waldhang weidet das Rottaler Pferd.
Der im Rottal viel bewunderte Vierseithof wurde vor allem seit 1848, nach der Befreiung der Bauern aus der Lehensabhängigkeit, gebaut. Bevölkerungswachstum und beginnende Technisierung trugen zur Hebung des Lebensstandards der Höfe mit 70 bis 150 Tagwerk bei. Im Gegensatz zum österreichischen Vierkanthof sind die Gebäude – Wohnhaus, Ställe, Scheune und Wagenremise – nicht Ecke an Ecke errichtet, sondern

durch hölzerne Tore miteinander verbunden.
Was im Massinger Freilichtmuseum auf der Wiese steht, ist das mehrstöckige, reich mit Malereien verzierte Holzhaus mit gedrechselten Balkons und weit überstehendem Dach. Der **Schusteröderhof** gleich hinter dem Eingang ist ein typisches Rottaler Stockhaus mit dem Giebel an der Breitseite und einem über zwei Stockwerke herabgezogenen Dachüberbau. Gemütlicher, großzügiger geht's nicht! Türen und Balkons sind mit Malereien versehen, ein überall wiederkehrendes Muster, das auch die Zimmerleute ausführen konnten, ist der »laufende Hund«.
An die Zeit, als der Grundherr, der Landadel, auch Richterfunktion ausübte, erinnert das Kryptogramm über der Balkontür:

Im Jahreslauf lädt das Freilichtmuseum zu verschiedenen Festen, hier ein Bild vom Arntbierfest im August.

Oh Richter Richte Recht,
Du Pist Herr Und Ich Pin Gnecht.
Wie Du Richter Richtest Mich
So Wird Gott Recht Richten Dich.

Eine Vierseitanlage des mittleren 19. Jhs. stellt der **Kochhof** dar. Das Wohnhaus mit Schroten (Balkons) vor dem ausgebauten Dachgeschoss öffnet sich mit der Giebelseite zum Hof. Zum bäuerlichen Wirtschaftsbetrieb jener Zeit gehören der Windrad betriebene Brunnen, Getreidestadel, Stall und Wagenremise. Nicht zu vergessen

der Misthaufen, an dessen Größe der Besucher ermaß, wieviel Stück Vieh der Bauer im Stall hatte, was er an Wiesen und Feldern besaß.
Am Weg das **Freilingerhäusl,** wohl von besitzlosen Dienstleuten oder Hirten bewohnt (1611).
Reich bemalt ist der **Heilmeierhof** von 1795, der im Sommer als Wirtshaus genutzt wird.
Die **Marxensölde** am Wald ist ein Mittertennhaus, das Wohnstallhaus eines Kleinbauern mit der Tenne in der Mitte. Das Erdgeschoss ist gemauert, eine Bauweise, die sich um 1880 als witterungsbeständiger durchsetzte.
Der **Lehnerhof** mit dem Hopfenfeld wurde um 1960 in Train in der Hallertau erbaut.

Massing zeigt reich verzierte Holzhäuser mit gedrechselten Balkongeländern.

Durch eine Pappelallee und einen Hohlweg – so wie es früher war – gelangt der Besucher zum Ausgangspunkt, dem Schusteröderhof. Zeit für eine solide Brotzeit oder Kaffee und Kuchen. Für Kinder sind Spielgeräte aufgestellt. Die Führungen erschließen noch manches Detail.
April bis 30. Sept. 9-18 Uhr, März und Okt. 9-17 Uhr, Nov. 12-16 Uhr. Brauchtumsveranstaltungen mit Markt beleben den Jahreslauf: Maibaumaufstellen am 1. Mai, Sonnwendfeuer um den 20. Juni, Arntbier um den 20 Aug. (jeweils ein Sonntag) und Kirchweihtanz am 2. So im Okt. Mo, außer an Feiertagen, geschlossen.
Freilichtmuseum Massing, Steinbüchl 5, 84323 Massing,
Tel. 08724-96030, Fax -960366.
Internet: www.freilicht-museum.de

Neuburg am Inn

Der Blick auf Schloss Neuburg ist besonders reizvoll von Wernstein, der österreichischen Innseite aus. Im Sommer besteht eine Fußgänger-Fährverbindung. Die **mehrtürmige Feste** beherbergt historische Festsäle, ein Gewölbe-Restaurant, ein barockes Lustgärtchen und ist Startpunkt für Wanderungen im Neuburger Wald. Wechselvoll ist die Geschichte der Burg hoch über dem Innufer südlich von Passau, heiß umstritten war ihr Besitz zwischen dem Haus Habsburg und Bayern. Im 11. Jh. gefiel es den Gaugrafen von Vornbach, in der »neuen Burg« wenige Kilometer von ihrem angestammten Sitz zu residieren. Vier Jahrhunderte später verwandelte Niklas II. Graf von Salm Teile der Burg in ein Renaissanceschloss nach italienischem Vorbild, eine Novität diesseits der Alpen. Graf von Sinzendorf huldigte dem Stil des Barock. Ihm ist das von Carlone und Spazzo (doppelgesichtige Steinfigur) mit einem Grottenpavillon ausgestattete Lustgärtchen zu verdanken. Vor der Hochzeit 1676 im Dom zu Passau traf Kaiser Leopold I. auf Neuburg die Braut, Pfalzgräfin Eleonore. An das voreheliche Rendezvous knüpft der Wirt der »Hoftaferne« mit der Hochzeitsstube an. Die Burg selbst wartet mit festlichen Arrangements in den Prunksälen auf (s.u.).
Nach 1908 fanden junge Künstler

Hoch ragen die trutzigen Türme der Feste Neuburg über den Inn. In restaurierten Räumen kann man nächtigen und tafeln.

auf Neuburg ein Domizil, das »Künstlerzimmer« erinnert an ihre Zusammenkünfte. Heute dient die Feste als Begegnungsstätte der Universität Passau.
Bewahrt vom **Salmschen Renaissanceschloss** sind vor allem die drei **»Steinsäle«,** die mit einer bis dahin nie geschauten Marmorpracht und dem Farben- und Formenreichtum der Terracotta-Architektur zu den herausragenden Frührenaissance-Schöpfungen Deutschlands zählen. Nach einem Brand wurden sie unter Prinzregent Luitpold von Bayern und mit Hilfe des Passauer Kunstvereins restauriert, das rotmarmorne Zimmer und das weißmarmorne, das auch als Burgmuseum dient. Das grüne Salettl, einst ein überdachter Raum, der nach einer Seite hin offen ist, wurde mit Gartengemälden geschmückt, die eben diesen Ausblick als Illusion wiedergeben.
Die Prunksäle sind, abgesehen von festlichen Anlässen, nur bei der Führung zu besichtigen: freitags 10.30 Uhr und 16 Uhr.
Einst waren üppige Barockgärten rund ums Schloss angelegt. Pfade, Teiche, das Lustgärtchen mit Grotte sind noch da, ebenso Bergfried, Höfe, Brunnen, Skulpturen und Wehranlagen. Die Kapelle Sankt Pankratius enthält Reste spätgotischer Wandmalereien.
Spazierwege unterhalb der Burg erreichen in westlicher Richtung nach einer halben Stunde Vornbach (Barockkirche) und ostwärts ein ausgedehntes Waldgebiet mit Waldschänke zur Einkehr.
Die Straße (B 12) führt an der Landhaus-Galerie Ingeborg von Mallecks vorbei nach Dommelstadl mit der Kirche zur hl. Dreifaltigkeit. An der barocken Ausstattung war Carlone mit Stuckaturen beteiligt. Das Altarblatt stammt von Paul Troger. Von **Dommelstadl** geht der Blick ins Inntal bis Schärding und Suben.

Feiern und Logieren im Schloss

Billig ist das Vergnügen nicht, dafür exklusiv: Im ehemaligen Burgstallgebäude wurden Einzel- und Doppelzimmer modern und mit viel Komfort eingerichtet (⌂⌂⌂). Auf Wunsch Arrangements für Hochzeitsfeste mit Unterbringung in der Burg, Radlerwochen und Golf-Wochenenden mit Spielmöglichkeit in Bad Griesbach oder Rassbach und Schärding/Oberösterreich, samt Shuttleservice. In der Hoftaferne der Burg gegenüber sind Räume, die man für Feste mieten kann.
Hoftaferne Schloss Neuburg, Am Burgberg 5, 94127 Neuburg am Inn, Tel. 08707-911000, Fax -911911. Einblick in die Burgräume gewährt die Internet-Seite der Universität Passau:
passau.de/schloss-neuburg
Gasthaus Hoftaferne, tägl. 8 bis spät abends, bodenständige und überregionale Küche, Tel. s.o.

Neuhaus am Inn

Der Barockstadt Schärding gegenüber auf bayerischer Innseite liegt Neuhaus, ein ehemaliges Rokokoschloss, später schlichter als Vierflügelanlage umgebaut. Jetzt als Kloster und Schule genutzt, ist das einstige Schloss nicht zu besichtigen.

Obernberg am Inn

Der Markt Obernberg erlebte eine Blüte zur Zeit der Innschifffahrt. Im beschaulichen Ambiente aus Gotik und Barock finden heute Kurgäste und viele Radler aus Tirol bis Passau zusammen. Den Burghof hält eine Falknerei besetzt. Im Sommer ist täglich Flugvorführung.

Wer in Obernberg auf den Auslöser seines Fotoapparats drückt, hat meist die stuckierten Fassaden der alten Markthäuser im Visier, vor allem die Apotheke und das **Wörndle-Kaffeehaus.** Der viel beschäftigte Rokoko-Stuckateur Johann Baptist Modler hat sich hier verheiratet. Apotheker Walter hob seine begabten Buben aus der Taufe.

Modler schmückte das Apothekerhaus mit einem damals beliebten Motiv: der Madonna, deren Füße Erdkugel und Mondsichel berühren. Unter den Blendbogen der Fenster wurden in späteren Jahren die Gesichtszüge von Vater Modler und Söhnen in Stuck gefasst – ein Anliegen des Taufpaten vermutlich.

Durch Jahrhunderte, bis zum Siegeszug der Eisenbahn, florierten auf dem Inn die Flößerei und dann die Schifffahrt: Getreide, Salz, Wein, Holz und allerlei feine Waren wurden zur Donau transportiert. Der Vormarkt Urfahr war Umschlagplatz, der Markt belebt von Brauereien und Gasthäusern. Aus dieser Zeit stammt auch die **Schifferkirche,** Heiligtum der Schiffer, die es nicht versäumten, in aller Frühe zur Abfahrts- und Umschlagmesse ihren Obolus in den Opferstock zu legen. Ganz ungefährlich war der Inn nie, schon gar nicht zur Schneeschmelze im Frühjahr.

Die von Johann Baptist Modler stuckierte Fassade des Kaffeehauses Wörndle.

Die ursprünglich gotische Pfarrkirche, Mitte des 17. Jhs. umgestaltet, trägt das seltene Patrozinium des hl. Abendmahls. Seit 1658 steht der Stephansbrunnen am Markt. Die drei Tore – zum Inn, zur Burg, Richtung Reichersberg/Schärding – stehen noch. Das Gurtentor beherbergt das **Heimatmuseum** mit 600 Exponaten zu Zunftwesen und Schifffahrt, eine Waffensammlung und Beispiele sakraler Kunst.
1. Mai bis 31. Okt. tägl. ohne Mo/Mi 14-16 Uhr, Tel. 0043-7758/2255.
Falknerei: Vom Marktplatz wenige Minuten entfernt – Ausgang durch das Nordtor – ist die einstige Burg, umgeben von alten Bäumen, in Resten erhalten. Im Hof führt das Bad Füssinger Falknerteam Kotlik Greifvögel wie Geier, Adler, Falken, Uhu, Milan und Bussard zahm auf der Hand und im Freiflug vor. Besichtigung April bis 31. Okt. 9-18 Uhr, Flugvorführung 15 Uhr oder nach Vereinbarung: Tel. 0171-7849903.
Feste: Pferdemarkt zu Josefi und im Sommer das Marktfest mit buntem Programm.
Mehrere Wirte verwöhnen mit Innviertler Spezialitäten und Mehlspeisen, darunter **Café Wörndle** Di-So 9–21 Uhr, Tel. 0043-7758-2307.
Nicht weit ist es von Obernberg zum Augustiner-Chorherrenstift Reichersberg (s. u.)

Ortenburg

Zu den mittelalterlichen Turnierspielen kommt, wer Lust hat, im Gewand von damals! Aus der einstigen Grafschaft 12 km nördlich von Bad Griesbach ist ein abwechslungsreiches Urlaubsland geworden. Vogel- und Wildpark, Reitmöglichkeiten, Freibad und Tennisplätze, Rad- und Wanderwege machen den Reiz des Wolfachtals aus.
Die Ritterspiele, bei denen Schwertduelle der Ehre halber nicht fehlen dürfen, finden in der Ortenburger Geschichte einen blutigen Hintergrund. Mit Besitzungen zeitweilig bis nach Kärnten, Tirol und am Chiemsee galten die Ortenburger Grafen neben den Andechsern und den Wittelsbachern als mächtigste Dynastie Bayerns. Ihr Ansehen war den Nachbarn ein Dorn im Auge und so entbrannte 1192 aus einem geringfügigen Jagdgebietsstreit ein mörderischer Krieg von der Donau bis an den Inn.

Protestantische Enklave

Im Verlauf des Landshuter Erbfolgekriegs 1504, in dem Graf Wolfgang sich auf die Seite der bayerischen Herzöge geschlagen hatte, überlisteten die Pfälzer mit gefälschtem Waffenkleid die Burgwacht und legten die Festung in Schutt und Asche. Einer der fähigsten Ortenburger, Graf

Eindrucksvolle Dächerlandschaft des Schlosses Ortenburg. Ein Teil der Schlossräume wird an Gäste vermietet.

Joachim, trat 1551 die Regierung an. Die Burg wurde nun als Vierflügelanlage im Stil der Renaissance, fast so, wie wir sie heute vorfinden, wieder aufgebaut. Ein Zwist, diesmal mit dem einstigen Waffenbruder, dem Herzog, ergab sich, als Graf Joachim für seine Grafschaft den evangelischen Glauben einführte. Zwar hatte er nach dem Augsburger Religionsfrieden das Recht auf seiner Seite. 1573 wurde den Ortenburgern zudem die Reichsunmittelbarkeit – das heißt Unabhängigkeit von den bayerischen Herzögen – vom Reichskammergericht bestätigt. Der Herzog durfte nicht länger protestantische Geistliche entführen und des Landes verweisen. Im Gegenteil: Aus Österreich abgeschobene Protestanten fanden in Ortenburg Asyl. Ihnen ist hier die Einführung des Mostobstanbaus zu verdanken. Künstler-Graf Casimir (1591-1658) beschenkte die Nachwelt mit Landschaftsaquarellen des Rottals im frühen 17. Jh. In der Burg sind die Wände eines Zimmers damit geschmückt. Nach Auflösung der Klöster durch den Staat 1803 kam es zum Gebietstausch: Graf Joseph erhielt kirchlichen Besitz in Tambach, Ortenburg wurde, was es bis heute ist, ein freundlicher bayerischer Marktflecken. 166 Jahre stand die Burg fast unbenutzt. 1971 erwarb die bürgerliche Familie Orttenburger – nomen est omen – die Burg und renovierte sie von Grund auf. Ein Teil der Räume bietet Feriengästen Unterkunft.

Kostbare Kassettendecke

Die aus fünf Holzarten zusammengefügte Renaissance-Kassettendecke mit gekröntem Wappen der Ortenburger gilt als schönste in Deutschland. Neben alten Handwerks- und Küchengeräten, einem original gräflichen Schlafzimmer, Tapetenmalerei und Turmuhrwerk ist im **Schloss** eine Sammlung mittelalterlicher Folterinstrumente zu sehen. Dazu Laubengänge, schöne Ausblicke.
April bis 31. Okt. 10-18 Uhr, Führungen nach Anmeldung: Tel. 08542-16421.
Auf der Wiese unterhalb der Burg, dem »Schlossgarten«, werden am 1. Mai-Wochenende das Blütenfest, alle 3-4 Jahre im Juni Ritterspiele mit historischem Markt und Festzug sowie Ende Juli Open-Air-Festivals veranstaltet. Auskunft über die nächsten Spiele Tel. 08542-16421, zum Festival -91420.
Schlosskonzerte u. a. im Rahmen der Passauer Europäischen Wochen von Mai bis Ende August.
In der evangelischen Kirche am Markt sind prunkvolle Renaissance-Grabmäler erhalten: das marmorne Hochgrab des Grafen Joachim mit Reliefs der von ihm geschätzten Tugenden und das Wandgrab Graf Antons, des früh verstorbenen Sohnes.

Tierparks und anderes Vergnügen

Der **Wildpark** am Schloss bietet Gehege mit Dam- und Rotwild, Wildschweinen, Steinböcken, auch Eselchen und Ponys.
Apr. bis 31. Okt. 9-18 Uhr, im Winter bei schönem Wetter So/Feiertage 12-18 Uhr. Tel. 08542-7171 und -7130, Fax -2918.
Süddeutschland größter **Vogelpark** mit 200 heimischen und exotischen Arten lockt 3 km östlich (Abzweigung von der Straße nach Fürstenzell) in Irgenöd.
Apr. bis 31. Okt. 9-19 Uhr, mit Wirtshaus, Gastgarten und Kinderspielplatz. Tel. 08542-7130, Fax -2918.
Im Westen Ortenburgs liegt das **Freizeitzentrum Unteriglbach** mit Freibad, Minigolf, Tennisplätzen und Reitgelände. Weiter westwärts, am Sportgelände vorbei, etwa 4 km entfernt, steht in **Jaging** das Meerwasser-Aquarium und

Blick ins Alligatoren-Terrarium in Jaging 4 km westlich von Ortenburg.

Alligatoren-Terrarium. Im Sommer 10-18 Uhr, im Winter bei Tageslicht.
Reiten/Kutschfahren im Reitbetrieb Luisental, Tel. 08542-490 oder Reit- und Fahrverein, Tel. -3193. Beide vermitteln Quartiere auf benachbarten Höfen.
Mooshof-Ranch mit Westernreiterei in Isarhofen, Tel. 08542-1735, und **Paulas Ponyhof** in Königsbach, Tel. 08542-2663.
Radlern wird u.a. die Route »Zu Most und Kultur« empfohlen, ein Rundkurs, der, von Passau kommend, auch Fürstenzell, Ortenburg und Aldersbach berührt. Für ausdauernde Radler geht's weiter bis ins Inntal, insgesamt 80 km. Fahrradverleih Fa. Eizenhammer, Griesbacherstr. 1, Tel. 91411.

TIPP: Den Umgang mit Tieren lernen

»Wolfsvater« Erik Zimen, Verhaltensforscher und Mitbegründer des Nationalparks Bayerischer Wald, lädt auf seinem Hof Grillenöd (nahe Haarbach/Ortenburg) zu Sommercamps für Kinder von 7 bis 13 ein, die auf dem biologisch bewirtschafteten Hof bei Spaß und Spiel den richtigen Umgang mit Tieren lernen.
Weitere Seminare, vor allem für Erwachsene: Hundehaltung (Ortenburg), Böhmen-Ritt und Wanderungen (auch mit Hunden), gute Kondition und verträgliche Tiere vorausgesetzt, 20 bis 25 km pro Tag). Außerdem: Seminare im Bayerischen Wald.
Auskunft: Dr. Erik und Mona Zimen, Grillenöd, 94542 Haarbach, Fax 08535/91050.

Gastlichkeit

Schlosspension, Zimmer/Appartements, Frühstück im ehemaligen gräflichen Empfangssaal, Tel. 08542-596, Fax -917373;

Schlosskeller mit Burgterrasse, auf Bestellung Ritteressen im Gewölbe, Tel. 08542-2374
Schlosswirt vor der Burg, Fremdenzimmer, Garten, 08542-1727;

Moststubn »Beim Hammel« am Markt, heimische Schmankerl, Gastgarten, Mo/Di/Fr/Sa ab 16 Uhr, Radlergruppen bitte anmelden: 08542-432.
Gasthaus Hinterschloss, Waldpfad von der Burg 1/2 Std., 08542-7139. Weitere Traditionsgasthäuser am Markt und in der Umgebung Ortenburgs.
Touristinformation für Urlaubsquartiere im Schloss, im Gasthaus und auf dem Land inkl. Ferienwohnungen, Rad- und Wanderwege, Angeln, Feste und Märkte: Rathaus am Markt, 94496 Ortenburg, Tel. 08542-16421, Fax 08542-16460
Internet: www.ortenburg.de
E-mail: info@Ortenburg.de

Parzham

Unter den Söhnen der Rottaler Heimat ist der heilige Bruder Konrad von Parzham die wohl bekannteste Persönlichkeit. Auf dem nach einer Sumpfblume so genannten Venushof nahe Bad Griesbach-Altstadt wurde 1818 Bruder Konrad, einer der Heiligen Niederbayerns, als Bauernsohn Johann Birndorfer geboren. Der historische Vierseithof ist samt Einrichtung und landwirtschaftlichen Geräten erhalten.
Schon als Kind und Jungbauer pilgerte Johann Birndorfer zu den Wallfahrtsorten der Umgebung und fand Sammlung im Gebet. Er war über 30 Jahre alt, als er durch den Aigener Benefiziaten Franz Dullinger an das Kapuzinerkloster Altötting vermittelt wurde. Bis an sein Lebensende versah er dort den Dienst an der Pforte des Sankt-Anna-Klosters und galt als aufopferungsvoller, überaus frommer Mann.
Bald nach seinem Tod 1894 wurden erhörte Gebete und Wunderheilungen, die mit ihm verknüpft waren, bezeugt. Anlässlich des Pfingstfestes 1934, als in Deutschland schon die Nationalsozialisten an der Macht waren, verkündete Papst Pius XI. unter dem Jubel

TIPP: Pilgerwege

Das Pfarrkirchner Salvatorkolleg bietet an, Pilgerwege Bruder Konrads als natürliche Selbsterfahrung beim Unterwegssein nachzuvollziehen. Dauer eine Woche, sechsmal Halbpension und sieben Transfers zu etwa 300 DM. Salvatorkolleg Gartlberg, 84347 Pfarrkirchen, Tel. 08561-96280, Fax -962820.

der Pilger die Heiligsprechung.
Venushof: März bis 31. Okt. werktags 9-18 Uhr und So 11-18 Uhr, im Winter 9-16 Uhr, So 11-16 Uhr. Ab der B 388 Richtung Weng, an der Kreuzung geradeaus weiter, gleich rechter Hand liegt der Venushof.

Das Geburtshaus des heiligen Bruders Konrad in Parzham, ein Vierseithof, ist im ursprünglichen Zustand erhalten.

Pfarrkirchen

Auf dem Gartlberg die doppeltürmige Wallfahrtskirche, bei klarem Wetter mit Alpenpanorama, im Tal die Altstadt mit Mauerbering und Kastanienallee, einladenden Geschäften und Gasthäusern, mit Spaßbad, Fitnesscenter und der ältesten Trabrennbahn Bayerns: Attraktiv präsentiert sich die Kreisstadt des Landkreises Rottal-Inn dem Besucher. Nur 12 km entfernt ist das Thermalbad Birnbach, 5 km das Erholungsgebiet Rottauensee mit Golfplatz und Freibad.

Die 12 000-Einwohner-Stadt mit Hotels, Ferienwohnungen in der Umgebung und einer von den Salvatorianern betreuten Begegnungsstätte hat Lust auf Austausch. Großzügig und fußgängerfreundlich die jüngste Neugestaltung der Altstadt: ein Stadtplatz wittelsbachischer Prägung, modern ergänzt durch breite Trottoirs, Blumeninseln und Brunnen. Die Stadtmauer von 1550 ist größtenteils erhalten. Eine Rarität in Bayern ist die rundum geführte Ringallee, einst Verteidigungswall, seit 1876 mit Kastanien bestandener Spazierweg um den Stadtkern.
Überliefert ist für 1250 ein *forum pharrechirch,* das bereits auf eine marktrechtliche Ordnung schließen lässt. Auf dem Reichenberg, einem der drei Hügel ober-

»Das schreitende Pferd« vor dem Rathaus ist ein Geschenk von Prof. Hans Wimmer.

Das Wahrzeichen von Pfarrkirchen ist die 1715 vollendete doppeltürmige ehemalige Wallfahrtskirche auf dem Gartlberg.

halb der Stadt, etablierte sich eine Ausflugsgaststätte mit Biergarten und herrlichem Ausblick. Bis 1440 stand hier die Burgfeste Reichersberg, Sitz eines Viztums der herzoglichen Verwaltung und Gerichtsbarkeit. Der westliche Hügel, früher die Hinrichtungsstätte, heißt heute noch Galgenberg. Auf dem Gartlberg in der Mitte thront seit Anfang des 18. Jhs. die barocke Wallfahrtskirche. Mittelpunkt der Altstadt ist das Rathaus mit neugotischen Gewölbearkaden, im Sommer blumengeschmückt und davor das eineinhalb Tonnen schwere bronzene »Wimmer-Ross«, ein Geschenk des Bildhauers Prof. Hans Wimmer an seine Heimatstadt (ständige Ausstellung von Wimmers Werken im Museum in der Veste Oberhaus Passau, s.u.).

Das Heimatmuseum: Geschichte konzentriert

Dem Bronzestandbild schräg gegenüber steht das apricotfarbene **frühere Rathaus,** zwischen Spätgotik und Frührenaissance erbaut, heute Heimatmuseum. Gezeigt werden jungsteinzeitliche Ausgrabungen und Anbaumethoden, Blaudruck, Votivbilder, Einrichtungen und Feuerlöscheimer (aus Stroh, Leder …), Keramik. Häufig Sonderausstellungen. Die barocke Kuppel des alten Rathauses birgt jene Glocke, deren Geläute einst am Wahltag erklang und bis 1818 als »Armesünderglöckl« Todeskandidaten zur Richtstätte auf dem Galgenberg geleitete. Das stuckierte Wappen des Kurfürsten Karl Theodor stammt von 1787.

Heimatmuseum: April bis 31. Okt. Di-Fr, So, Feiertage 14-16 Uhr, 08561-5513.

Wenige Schritte weiter die kleine **Galerie Artica** (Zeichnungen, Radierungen, Collagen, Mischtechnik), Tel. 0170-6528403.

Repräsentative Blendfassaden stehen für das althergebrachte Privileg, den Wohnsitz am **Stadtplatz** zu haben. Ein Kaffeehausbesitzer

Bekannte italienische und deutsche Künstler waren an Bau und Ausgestaltung der Gartlbergkirche beteiligt.

hat seinem Erker ein goldenes Dachl aufgesetzt. Innsbruck lässt grüßen! Oberhalb des Paulanerstüberls hat sich ein Pesttürl erhalten, durch das Erkrankten Nahrung gereicht wurde.
Die parallele Pflegstraße erhielt ihren Namen von der Gerichtspflege. Im einstigen Gerichtsgebäude ist jetzt ein griechisches Restaurant mit Gartenlokal (s.u.).
Die **Pfarrkirche Simon und Judas Thaddäus** ist romanischen Ursprungs. Sie wurde im 15. Jh. erweitert und mit einem 67 m hohen Blankziegelturm versehen. Das Oktogon war Taufraum, dahinter die Rokoko-Allerseelenkapelle.
Die evangelische Kirche, ein Jugendstilbau, steht 200 m nördlich der Ringallee.

Der Brunnen am Marienplatz von Joseph Michael Neustifter zeigt Maria inmitten der Erntekrone.
Ein Ort der Begegnung und beliebter Treffpunkt der Kunstliebhaber ist am Bahnhofsvorplatz das **Hans-Reiffenstuel-Haus,** ein Lagerhaus, das die Stadt mit Millionenaufwand zum Kulturzentrum ausgebaut hat. Jährlich werden mit der Münchner Sezession vier Ausstellungen gezeigt. Außerdem im Haus: Gemälde Reiffenstuels, die Ausstellung »Heimische Tiere« mit 300 Exponaten, die Stadtbücherei, eine Musikschule.
Tel: 08561-3060.

Wallfahrtskirche Gartlberg

Eine kunsthistorische Kostbarkeit ist die Wallfahrtskirche zur Schmerzhaften Muttergottes mit dem Patrozinium der Auferstehung Christi auf dem Gartlberg.
Der Ursprung reicht in die Zeit des Dreißigjährigen Krieges zurück, als hier oben für Passionsspiele ein heiliges Grab gebildet wurde. Dieses Grab ist im Ostchor der Kirche bewahrt.
In der Karwoche 1659 soll der Hutstepper Wolfgang Schmierdorfer ein marianisches Vesperbild an einen Baum genagelt haben. Es sprach sich als Trost spendend herum und gab den Anlass für

eine Wallfahrt. Im Zentrum der Andacht vor dem Altar hat es seinen Platz gefunden.
Bedeutende Künstlernamen sind mit dem Bau der Wallfahrtskirche verbunden wie Cristoforo Zuccali als Baumeister, Ehrgott Bernhard Bendl für den zierlichen Rokokostuck der Langhausdecke, Giovanni Battista Carlone und Paolo d'Allio (Passauer Dom) für den Stuckmarmor des Hochaltars und der Chordecke. Franz Ignatius Bendl malte das farbenfrohe Auferstehungsbild des Altars. Die Literatur spricht von einer geglückten Synthese aus italienischem Barock und bayerischem Rokoko.
Paul Vogt und Johann Eustach Kendlpacher schufen Deckenfresken zu den zwölf Glaubensartikeln (»Ich glaube an Gott den Schöpfer ...«), Carl Adam die Bilder zum Vaterunser in den Gewölbefeldern des Chors. Kostbarkeitenschreine sind mit silbernen Votivgaben angefüllt. Die Gebeine der hl. Theodora ruhen in einer

TIPP: Kräuterweihe

Die Rottaler Tracht kennt viele örtliche Varianten und wird nach der Mode von 1800 bis 1830 in Pfarrkirchen zu besonderen Anlässen getragen, Zu diesen gehört die Kräuterweihe zu Mariä Himmelfahrt am 15. August. Vor dem Portal der Gartlbergkirche werden dann kleine Sträuße mit Blumen und Ähren vom Feld angeboten, die man beim anschließenden Gottesdienst weihen lassen kann und die den Winter über einen reizvollen Zimmerschmuck abgeben.

Keramik-Ausstellung im Heimatmuseum, das Exponate aus allen Epochen der Geschichte Pfarrkirchens präsentiert

Nische. Gemälde weisen auf heil überstandene Feuersbrünste und die vergebliche Beschießung der Stadt mit Mörsergranaten durch General Bärnklau 1743 hin. Nicht eine soll gezündet haben.

Jenseits von Kirche und Friedhof verläuft ein Fußpfad, der zu einem Bauernhof führt. Der Weg am Hof vorbei erreicht nach ca. 100 m eine Höhe, die bei klarer Sicht (Föhn und vor Wetterumschwung) einen Rundblick mit Alpenpanorama ermöglicht. Es bietet sich an, den Weg am Wäldchen entlang zum Ortsteil **Reichenberg** mit der ehemaligen Burg des Viztums, heute Ausflugsgaststätte, fortzusetzen.

Sport, Pferde, Dampfross

Die Trabrennbahn, Tennisanlagen mit Halle, Squash- und Fitnesscenter, Asphaltstockbahn sowie das Freibad mit Spaßbecken und 50-m-Rutsche liegen im Süden der Stadt (ausgeschildert), ebenso die Stadthalle.

Bayerische Zuchtrennen mit Wett-Gelegenheit am Pfingstdienstag, weitere Rennen meist Ende Juni. Im September, manchmal auch im Juni, werden auf der Rennbahn Prädikatsläufe zur 1000 m-Langbahn-WM (Sandbahnrennen) ausgetragen.

Auskunft 08561-4660.

Vom Schwimmbad führen beiderseits des Flusses Spazierwege Richtung Naherholungsgebiet Rottauensee, die auch als Trimmpfad und Rottal-Radwanderweg ausgewiesen sind.

Eine Art Mini-Eisenbahn, das **Pfarrkirchner »Dampfross«,** verkehrt Mai bis Sept. Di/Do nach Bad Birnbach und zurück. Tel. 08561-30632.

Touristinformation Rathaus 08561-30632, falls geschlossen, Infos mit Unterkünften vom Automaten.

Aktueller Veranstaltungskalender über das Internet www.Pfarrkirchen.de

Feste/Märkte

Rottaler Volksfest um den 1. Mai, Festwiese

Altstadtfest europäisch Fr-So Ende Juli vor den Ferien

Maimarkt verkaufsoffen 1. Mai-Wochenende.

Simonimarkt 28. Okt., anschließender So verkaufsoffen
Weihnachtsmarkt Fr vor 1. und bis 2. Advent

Unterkunft mit Restaurant
Hotel Ederhof, Ziegelstadl 1 (Arnstorferstr., bei Tankstelle links) 08561-238700; 🏨🏨
Stadthotel Spatzl, Stadtplatz 37, 08561-233860; 🏨🏨
Münchner Hof, Lindnerstr. 14, 08561-96450; 🏨🏨
Landhotel am See, Postmünster-Rottauensee, 5 km, mit Freibad, 08561-470; 🏨🏨
Gasthof Schachtl, Passauerstraße 28, 08561-8179 und 71189; 🏨 Alteingesessenes Wirtshaus mit Biergarten und Kegelbahn, Mittwoch Treffpunkt der »Freunde altbayerischer Weißbierkultur«.
Salvator-Kolleg am Gartlberg, Unterkunft für Familien, Gruppen, Chöre, 08561-96280

Restaurants
Schlossberghaus Reichenberg im Osten der Stadt bergauf, 11-24, Fr ab 18 Uhr, Mi Ruhetag, Biergarten (Jan./Feb. geschlossen).
Gasthaus Plinganser am Stadtplatz, gutbürgerliche, preisgünstige Küche im historischen Haus.
China-Restaurant Orchid Garden, östl. Stadtplatz, mittags/abends (Mo Ruhetag).
Griechisches Restaurant Mykonos, Pflegstraße, mittags und abends, mit Gastgarten, Di 17-24 Uhr.
Weitere Cafés, Eisdielen, Gaststätten im Altstadtbereich, an der Ringallee und im Rottpark.

Der Rote Turm ist als einziger Turm der alten Befestigung erhalten. Auf dem Wehrwall wurde eine Allee gepflanzt, jetzt ein beliebter Spazierweg um den Altstadtkern.

Pocking

Wie so mancher »ing«-Ort im Rottal geht auch Pocking auf eine frühe Landnahme der aus Böhmen eingewanderten Bajuwaren zurück. Heute gilt die Stadt 10 km nördlich von Bad Füssing als fußgängerfreundliches Einkaufszentrum mit hohem Freizeitwert und vielseitigen Sporteinrichtungen. Autobahnanschluss zur A 3, Bahnstation.

Im Rathaus sind Tongefäße, Öllämpchen, Bronzefibeln und Eisenwerkzeuge, Funde einer römischen Handwerkersiedlung ausgestellt, die in den ersten nachchristlichen Jahrhunderten im Bereich der heutigen Indlingerstraße bestanden hat und 1951 bei Kanalarbeiten zutage gefördert wurde. Bei Inzing und Pocking gruben Archäologen bajuwarische Bestattungen aus der Zeit um 600 aus. Alter Siedelgrund also, auf dem Pocking steht; eine Hofmark aus hiesigem Geschlecht hatte nur kurze Zeit Bestand. Aus dieser Epoche, genau aus dem Jahr 1478, stammt die Pfarrkirche Sankt Ulrich mit erhaltenen spätmittelalterlichen Wandmalereien.

Rottalbahn und Viehauktionen

Auftrieb erhielt der Ort durch den Bau der Rottalbahn 1879, durch Viehauktionen und die Pferdezucht. Das Gasthaus »Stier von

Lange umstritten, heute eines der beliebtesten Fotomotive in Pocking: das sich am Boden wälzende Pferd.

Pocking hat sich zur fußgängerfreundlichen Einkaufsstadt für die Gäste des östlichen Bäderdreiecks entwickelt.

Pocking« (Übungshotel der Industrie- und Handelskammer) erinnert an die gleichnamige Erzählung von Wugg Retzer (1969, vergriffen). Sie handelt von einer Viehauktion und einem jungen Münchner Zeitungsschreiber, der, hingerissen von der Schönheit eines mächtigen Stiers, dessen Preis in die Höhe treibt, obwohl er mit dem Tier nichts anfangen kann.
Ein Meister der Erzählkunst war Wilhelm Diess (1884-1957) aus Höhenstadt, der in Pocking seine jungen Jahre verbrachte. Auch als er schon Staatstheaterdirektor in München war, siedelte er seine feinsinnigen Geschichten im heimischen Rottal an. Thema: die Landschaft, die Menschen, auch die, die es hierher verschlagen hat. Das Pockinger Gymnasium ist nach Wilhelm Diess benannt.
Für die Tradition der Rosskultur steht die Skulptur eines sich genüsslich am Boden wälzenden Pferdes von Dominik Dengl am Kirchplatz, das meistfotografierte Motiv in Pocking. Vor der Hauptschule lässt Dengl sen. aus Malching in einer Muschelkalkplastik einen Buben mit einem Fohlen spielen. Ein Pferdebrunnen schmückt die Fußgängerzone.
Seit 1972 bildet Pocking mit dem seit 1235 beurkundeten Markt Hartkirchen und umliegenden Dörfern eine Stadtgemeinde von 15 000 Einwohnern.
Fußgängerfreundlich gestaltet wurde die Einkaufsstadt. So sehen sich die Pockinger heute: als in die

Natur samt Stadtpark eingebundener Mittelpunkt am Unterlauf der Rott, »shopping in Pocking« soll immer auch Muße sein. Die Freibäder von Hartkirchen und Pocking sind Naherholungsgebiet für die Region.

Tipp: Verkauf ab Werk

Neu einkleiden im Urlaub? Mehrere Pockinger Firmen verkaufen ab Werk, u. a. Oberbekleidung, Tücher, Krawatten, Wäsche, Maßgeschneidertes. Auskunft bei der Stadtverwaltung: Tel. 08531-709-25.

Sportlich ist Pocking topp mit Stadien, Turnhallen, Sportschützenanlage, Hallenbad, Streetball und Inlineskatebahn, Fußball, Tennis, Asphaltstockbahnen.
Zum Speedway-Länderkampf Ostersonntag im Rottalstadion reisen die Fans von weither an.
Der Kunst- und Kulturverein trägt einige Veranstaltungen des Ruhstorfer Kultursommers (s. Ruhstorf). Im Sept./Okt. steht Kabarett auf dem Programm.
Im November tritt die Laienbühne mit schwungvollen Inszenierungen an die Öffentlichkeit.
Bei den Festen im Jahreslauf rangiert gleich nach dem Fasching das Pockinger Starkbierfest: An drei Wochenenden im März wird in der Stadthalle Prominenz auf die Schippe genommen.
In der Heide mit Badeseen finden Urlauber Unterkünfte vom Hotel und Gasthaus bis zur Ferienwohnung, oft mit Grillmöglichkeit, Angeln, Fahrradverleih.
Zum Radeln und Wandern ist die Gegend ohne größere Steigungen günstig.-

Feste/Märkte

Automarkt (verkaufsoffen) April im Stadtzentrum
Bürgerfest Ende Juli
Holzmarkt (verkaufsoffen) Ende September
Gallus-Markt in Hartkirchen zu **Kirchweih** im Oktober
Christkindl-/Weihnachtsmarkt am Kirchplatz 1. Adventssonntag und 2. Adventswochenende

Übernachten, Essen und Trinken

Hotel Pockinger Hof, Klosterstr. 13, 08531-9070;
Hotel/Restaurant Pflieger, Simbacherstr. 21, 08531-91940;
Hotel/Restaurant Alte Post, Simbacherstr. 2, 08531-4914;
Hotel/Restaurant Rauch, Bahnhofstr. 3, 08531-7312;
Gasthof Loher, Marktplatz 8 in Hartkirchen, Tel 08538-248 und 861, Mittags- und Abendtisch (eigene Metzgerei).

Auskunft

Auskunft und Verzeichnis aller Quartiere im Ort und in der Umgebung: Stadt Pocking, Simbacherstraße, 94054 Pocking, 08531-7090, Fax 70924.

Postmünster/ Thurnstein

Am östlichen Rottauensee hat sich ein malerisches Dorfensemble um Kirche und Wirtshaus erhalten. Hoch am Hang thront das Barockschloss Thurnstein.
Das einstige Benediktinerkloster im Tal, für dessen Gründung ein Edler namens Poso Land zur Verfügung gestellt hatte, hat die Ungarneinfälle des 10. Jhs. nicht überstanden. Um die Erinnerung zu bewahren, wurden in die Ornamentmalerei am Netzrippengewölbe der **Pfarrkirche** Bildnisse der Benediktiner Leonhard und Godehard eingefügt. Das Wappen an der Chorraumdecke bezieht sich auf die damaligen Schlossherren. Das Monumentalkreuz wurde 1685 von der Thurnsteiner Familie Imsland gestiftet, Akanthus-Schnitzerei ziert einen Seitenaltar. Von **Schloss Thurnstein,** einem Besitz der Grafen von la Rosée, ist die Kapelle im Ostflügel zugänglich. Sie enthält Deckengemälde von Giovanni Nepomuceno della Croce zur Geschichte der Königin Esther. Hochaltar und Kanzel gestalteten Joseph Deutschmann und Christian Jorhan d.Ä. Eleganz des Rokoko und Vornehmheit des Klassizismus ergeben einen reizvollen Zusammenklang. Die kleeblattförmige Rokokokapelle nahe der Rottbrücke wurde früher von Müttern erkälteter Kinder zum Gebet aufgesucht und heißt daher im Volksmund **»Hustenmutterkapelle«.**

Schloss Thurnstein über Postmünster. Die Schlosskapelle, ein Rokokojuwel, kann besichtigt werden, das Schloss selbst nicht.

Reichersberg

Nahe Obernberg auf österreichischer Innseite erhebt sich das 900 Jahre alte Augustiner-Chorherrenstift, das mit Führungen und Bildungsangebot, Bräustübl und Klosterladen, musikalisch und in der Seelsorge ein zeitgemäßes Aufgabenspektrum wahrnimmt. Sehenswert: Arkaden, Innenhof, Stiftskirche und Sakristei.

Als ihm der einzige Sohn starb, überließ 1084 der Edle Wernher die Feste Reichersberg dem Orden der Augustiner Chorherren. Dass Reichersberg durch 900 Jahre ohne Unterbrechung fortlebte, verdankt es verschiedenen Glücksfällen: Zum einen dem bis 1848 bestehenden Privileg einer Hofmark, das Einnahmen aus etwa 1400 abhängigen Bauernhöfen bescherte. Dafür betreute das Stift Kirchen, später auch Schulen und nahm die Amtsgeschäfte samt Niedergerichtsbarkeit wahr. Es musste seinerseits dem Staat Abgaben entrichten. 1848 wurde die Grunduntertänigkeit der Bauern aufgehoben. Das Stift beherbergte jedoch noch lange die kommunalen Einrichtungen der neu entstandenen unabhängigen Gemeinde. Ein weiterer Glücksfall war der Frieden von Teschen 1779, der das Innviertel Österreich zuschlug. Dadurch entging das Stift der Säkularisation, die im benachbar-

Das Chorherrenstift fasziniert nicht nur als heiter-ländliches Architekturensemble, das einst verträumte Landkloster hat sich zu einem religiösen und kulturellen Zentrum der ganzen Region entwickelt.

ten Bayern alle kirchlichen Institutionen aufhob.
Nach einem Großbrand 1624 wurde anstelle der Burgfeste ein architektonisches Ensemble im Stil des Barock gestaltet. Beim Bau des äußeren Stiftshofs mit zweistöckigen Arkaden und Tortürmchen fanden die Brüder Carlo Antonio und Giovanni Battista Carlone mit einfachen Mitteln eine repräsentative Lösung. Den Marmorbrunnen mit Erzengel Michael, dem Patron des Stifts, schuf Thomas Schwanthaler aus Ried, anerkannter Künstler seiner Zeit wie die Carlones.
Der Bayerische Saal im Nordtrakt, ehemals Speisesaal für vornehme Gäste, wurde von Johann Nepomuk Schöpf mit Fresken der griechischen Mythologie ausgeschmückt. Der Sommer- oder Augustini-Saal im Südtrakt – heute als Konzertsaal verwendet – enthält Fresken von Johann Eustachius Kendlbacher und Benedikt Albrecht. Das Mittelbild stellt die göttliche Vorsehung mit den vier Elementen dar.

Besuch der Stiftskirche

Niemand wird versäumen, die nach 1774 erneuerte Stiftskirche zu betreten. Die Deckengemälde und ornamentalen Übergänge zu den Fensterbögen vermitteln trotz der Schwere der Altäre den Eindruck eines lichten Raumes.
Dargestellt sind in Fresken des Münchner Hofmalers Christian Wink die Übergabe der Ordensregel an die Chorherren durch den hl. Bischof Augustinus von Hippo, die Herren in ihrer damaligen weißen Ordenstracht. Links im Bild schaut ein Selbstporträt des Malers über die Balustrade. Die Mitte füllt die Erscheinung des Erzengels Michael auf dem Berg Gargano aus.
Fresken im Presbyterium weisen auf das Chorgebet zum Preis Gottes hin, das von den Engels- und Heiligenchören vollendet wird. Die frühbarocke Madonna im Altaraufsatz findet Assistenz durch Ambrosius (mit dem Bienenkorb) und Augustinus (mit brennendem Herzen). Das Altarbild des hl. Michael, der Satan zu Fall bringt, ist einem Rubensbild nachempfunden.
Auch die Stifter sind nicht vergessen: Eine marmorne Reliefplatte gotischer Herkunft neben dem linken Seitenaltar zeigt Wernher und Dietburga mit dem Kirchenmodell, links ihren Sohn Gebhard. Die Führung gewährt Einblick in weitere Räume, darunter die Sakristei mit sensibel ausgeführten Flachreliefs und Stuckaturen des Franz Josef Ignaz Holzinger: im Mittelfeld Papst Gregor I., der die Chorherren auf den hl. Augustinus hinweist. Die Eckmedaillons symbolisieren Glaube (Kreuz und Kelch), Hoffnung (Anker), Liebe (Mutter und Kind) und

Gebet (Rauchfass). Über den Fenstern sind Wiedergaben liturgischer Geräte zu sehen.

Reichersberger Aktivitäten

Seit 1969 besteht das Bildungszentrum »Reichersberger Sommer« mit der Möglichkeit, im Stift zu wohnen. Seminarthemen sind das Erlernen kunsthandwerklicher Fertigkeiten, Musik, internationale Folklore, Zen-Meditation, Fasten und Besinnung etc. Konzerte sind oft Teil eines festlichen Gottesdienstes – dies zu allen Festen des Jahres – oder während der Passauer Europäischen Wochen. Der Klostermarkt, der an einem Juni-Wochenende abwechselnd in Bayern und Österreich abgehalten wird, (2001 wieder in Ö.), vereint Klöster, Abteien und Stifte zu einem bunten Bild und mit ihnen an die 20 000 Besucher.
Führungen zwischen Ostern und Allerheiligen tägl. 15 Uhr, Gruppen nach Voranm.
Stift Reichersberg, A-4981 Reichersberg 1, Tel. 0043-7758 232312, Fax -231332
E-mail: rentmeister(a)stift-reichersberg.co.at

TIPP: Frühgeschichte

Zu frühgeschichtlichen Hügelgräbern im mittleren Rottal führen Claudia und Georg Aigner, Forstlehen 63 bei Hebertsfelden (Tel. 08726/511).

Der Rottauensee

In einem Landschaftsschutzgebiet liegt 5 km westlich von Pfarrkirchen (Ausfahrt Postmünster), 18 km von Bad Birnbach der Rottauen-Stausee. Der See mit Auen wurde als Hochwasserrückhaltebecken angelegt, das die Überschwemmungen im unteren Flusslauf begrenzen sollte und hat sich dank intensiver Pflege und der Pflanzung von Zehntausenden von ortsständigen Bäumen und Sträuchern zu einer Parklandschaft mit eigenem Kleinklima entwickelt, für viele Vögel, auch für Niederwild ein Paradies. Golfspieler, Reiter und Spaziergänger können sich hier erholen.

Hunde an die Leine

Mit Rücksicht auf die Wiesenbrüter sind die Seewiesen vor allem im Juni für Spaziergänger und Hunde (an der Leine halten) tabu. Rund um den See führen Wanderpfade, man kann auch unmittelbar am Ufer gehen. Reiten ist ein ungetrübtes Vergnügen. Segler und Surfer kommen vor allem im Herbst, wenn ein kräftiger Wind bläst, auf ihre Kosten. Im Bootshafen auf der Südseite, Abfahrt am Landhotel, können Boote aufgebockt werden. Ruder- und Tretboote, auch einen Katamaran-Segler vermietet Pension Reitmeier (Tel. 08561-6469, Klingel am See). Motorboote sind nicht gestattet.

Inhaber eines Fischereischeins können im Haus Sachs am See oder bei Sport-Jungwirth in Pfarrkirchen, Passauerstraße, Tel. 08561-1547, eine Anglerkarte erwerben.
Nahe Postmünster am Ostufer gibt es Minigolf, Jet-Golf und Pit-Pat (Tischgolf). Von der Rottbrücke bis zum Pfarrkirchner Schwimmbad verläuft ein Trimm-dich-fit-Pfad parallel zum Fluss. Der Rottal-Radwanderweg berührt die Auen im Norden.

Golf und Segelfliegen

Der Luftsportclub Pfarrkirchen e.V. bietet von Frühjahr bis Herbst an jedem schönen Wochenende Gästeflüge an: ab 11.30 Uhr sind die Segler und Motorsegler startbereit (Auskunft: Bernhard Kirk, Tel. 08561-8166 oder am Fluggelände -8784).
Die Segel, die sich windunabhängig in der Mitte des Sees blähen, stammen von dem Künstler Hadti Dilling. Sie sind zu einem Wahrzeichen des Sees geworden wie die gotische Kirche Sankt Jakob von **Rottenstuben.** Oben am Südhang des Sees finden am Pfingstmontag Maibaumkraxeln und ein festlich-zwangloses Beisammensein mit Beköstigung und Folklore-Tänzen statt. Liegt Pfingsten relativ früh im Jahr, stehen festtäglich ringsum die Obstbäume in Blüte. Sehenswert sind die figürlich-ornamentalen Wandmalereien im Chor der

Der Rottauensee, das »Hochwasserrückhaltebecken Postmünster«, entwickelt sich dank intensiver Pflege trotz des Freizeitbetriebs zum Rückzugsgebiet für seltene Pflanzen und Tiere.

Segler und Surfer schätzen den See im Herbst, wenn kräftiger Wind aufkommt. Im Bootshafen an der Südseite des Sees können Boote aufgebockt werden.

Kirche, deren Glocke bis heute von Hand geläutet wird. Schlüssel bekommt man bei einem der Hofbewohner.

Der **Rottaler Golf & Country Club,** vor etwa 25 Jahren gegründet, als das Golfspiel noch als elitär galt, hat sein Clubhaus mit Restaurant und Shop im Südwesten des Sees, Abfahrt von der B 388 Pfarrkirchen-West-Postmünster, jenseits der Rottbrücke rechts etwa 3 km. Die 18-Loch-Anlage ist abwechslungsreich zwischen Bäumen, Wiesen, Bach und Altwasserbereichen abgesteckt. Driving Range, Putting Green und Chipping Area mit Sandbunkern. Rund 50 Turniere pro Saison; ein Pro kümmert sich um den idealen Schwung.

Vier Par-5, zehn Par-4 und vier Par-3 Bahnen – Gesamtlänge für Damen 5416 m und für Herren 6065 m.

März bis Nov. tägl. und ohne feste Startzeiten: Am Fischgartl 2 in 84332 Hebertsfelden, Tel. 08561-5969, Fax -2646. Platz Nr. 299 im Golf-Atlas.

GASTLICHKEIT

Landhotel am See (am südl. Seeufer), Schwimmbad und Gartenrestaurant, Tagungsräume, Tel. 08561-470, Fax -5904; ⌂⌂ - ⌂⌂⌂

Pensionen und Urlaub auf dem Bauernhof, ⌂ - ⌂⌂ (Adressen s. Unterkünfte S. 38 ff.).

TIPP: Landgasthof Hollkronöd

Ab Höllmühl (Golfclub) hangaufwärts ausgeschildert. Di-Fr. 17-1 Uhr, Sa/So 12-24 Uhr, Tel. 08721-4653, Fax -10376.

Der Hof steht unter Denkmalschutz. Was auf den Tisch kommt, ist frisch auf den Höfen der Umgebung eingekauft; man sollte sich daher vorher ansagen. Die Karte nennt u.a. Krenfleisch und Tafelspitz, Bauerngans, gefüllte Ente und Bauerngickerl sowie Kräuterhühnchen in Rotwein.

Rotthalmünster

Eine bis nach Amerika bekannte Zierkerzenfabrik ist im Marktflecken Rotthalmünster zu Hause. Im Kartsportzentrum Buch wird für die deutschen Meisterschaften trainiert.

Der Ort geht auf das älteste adelige Eigenkloster Bayerns zurück. Erhalten hat sich ein wittelsbachischer **Marktplatz** mit spätgotischer Kirche, der Malerwinkel am **Portalstöckl,** dem Nordtor der einstigen Wehranlage, und das stattliche Wirtshaus Herndl. Die Kirche Mariä Himmelfahrt schmückt ein barocker Turm, die geknickte Staffelung der gotischen Gewölbe hat Hanns Wechselberger entworfen. Von der Wehranlage sind kurze Mauerabschnitte geblieben.

Tennisplätze, Modellflugplatz und Reithalle mit Turniergelände. Eine Kleinstbrauerei hat die Offensive der Großbetriebe überlebt: die Privatbrauerei Jodlbauer. Viele Reisebusse steuern die **Zierkerzenfabrik** Koppschitz am Goldberg an, die Auswahl ist enorm. Verkauf ab Fabrik.

Stimmungsvoll ist der Nikolausmarkt am 1. Adventssonntag.

Rotthalmünster gilt als Faschingshochburg!

Zum **Kartsportzentrum** in Buch: ab Rotthalmünster Richtung Kühnham, von der B 388 Abfahrt Gerau/Kühnham. Die Profibahn steht jedermann offen, ganz billig ist das Vergnügen nicht, aber eine tolle Sache auf einer Bahn von 851 m Länge. Trainingskart 5,5 PS, Amateurkart 9 PS.

März bis Nov. tägl. 10-22 Uhr, mit Landgasthof, Tel. 08533-3325.

TIPP: Federkielsticker

Rar im Alpenraum ist ein Meister der Federkielstickerei: Herbert Rieger, Hebertsfelden-Linden (Tel. 08721/4984) stickt die Muster des Prachtgürtels, wie ihn die bayerische Tracht kennt, mit Fäden aus aufgespaltenem Pfauenfederkiel. Er lässt sich auch neue Muster einfallen und verwendet sie für verschiedene Lederbehältnisse – auch individuell nach Absprache.

Rotthalmünster: Der südwestliche Torturm der einstigen Befestigungsanlage aus dem 15. Jh. wird auch »Portalstöckl« genannt.

Der Siebenschläferaltar in der Kirche von Rotthof stammt aus der Werkstatt von Johann Baptist Modler.

Rotthof

Nahe bei Ruhstorf (s.u.) steht einer der originellsten Altäre aus der Werkstatt Modler mit dem Motiv der Siebenschläfer von Ephesus. Die **Siebenschläferkirche** von Rotthof wurde als Wallfahrtsort im Stil des Barock errichtet und 1757 mit dem berühmten Altar ausgestattet. Es kann sein, dass die sieben Reliefbüsten der Außenmauer aus der Zeit römischer Besatzung (um 300 n. Chr.) zunächst als »Siebenschläfer« gedeutet wurden und die Wallfahrt ausgelöst haben. Die Legende mit Ursprung in Syrien ist im Koran ebenso verankert wie im christlichen Gedankengut. Nur zwei Kirchen in Europa – neben Rotthof Vieux March in der Bretagne – stehen unter dem Schutz der sieben Täuflinge, die vor der Christenverfolgung in einer Höhle bei Ephesus Zuflucht suchten, dort 251 unter Kaiser Decius eingemauert und knapp 200 Jahre später in der Regierungszeit des christlichen Kaisers Theodosius zu lebenden Zeugen der Auferstehung wurden. Johann Baptist Modler und seine Söhne bildeten die schlafenden Jünglinge in dem als Grotte gestalteten Altar ab. Imitierter Tuffstein wurde mit Muscheln durchwirkt. Die Seitenaltäre sind Pendants zur Grotte und als Nischen in Stuck gefasst; der eine ist der heiligen Familie gewidmet, der andere St. Leonhard, dem Schutzpatron der Gefangenen und der Tiere. Rotthof ist von der B 388 zugänglich, von Westen aus vor Ruhstorf. Die Kirche ist von Frühjahr bis Herbst tagsüber geöffnet.

Das **Siebenschläferstüberl** ist bekannt für gute, günstige Küche (ab 14 Uhr, So/Fei ab 10 Uhr).

Ruhstorf

In Ruhstorf (6000 Einw.) plant man über die Ortsgrenzen hinaus. Der Kultursommer und der Ruhstorf-Pockinger Kulturverein nehmen sich die reizvollen Standorte, wo sie sie finden – ob Bahnhof Höhenstadt oder das Steinerne Gwölb in Kirchham, gelegentlich auch den Arkadenhof des Klosters Asbach oder das Ökonomiegebäude des Schlosses Kleeberg, wo sich ebenso wie auf Schloss Pillham sporadisch Kunsthandwerker einquartieren.

Die Gegend hat offenbar schon früh den Edlen des Landes gefallen. Das Geschlecht der Freiherren von Ruestorf und Kleeberg reicht bis ins 12./14. Jh. zurück, ebenso das der Edlen von Pillenhaim (Pillham) und Rothoven (Rotthof). Erhalten sind die Barockschlösser von Pillham und Kleeberg, beide in Privatbesitz. Im Rahmen des **Pocking-Ruhstorfer Kultursommers** zwischen Mai und September finden im Hof dieser bezaubernden Schlossanlagen Konzerte statt.

Im übrigen variieren die Schauplätze des Kultursommers (geboten sind querbeet Klassik, Blasmusik, Rock und Pop, Kunstausstellungen) vom Schwimmbad über das Gewächshaus und eine Pockinger Tankstelle bis zur Kleinen Galerie im Rathaus und der Siebenschläferkirche. Antiquitäten- und Flohmärkte, Messen, nicht zuletzt der Fasching finden einen großzügigen Rahmen in der **Niederbayernhalle.**

Obwohl hier auch zwei Motorenwerke mit je rund 1000 Beschäftigten zu Hause sind, ist Ruhstorf inmitten sanfter Hügel ein Ort, um Ferien auf dem Land mit viel Komfort (Beautyfarm, Bäder, Sauna) oder bäuerlicher Gemütlichkeit zu verbinden. Einen Ausflug wert sind neben Schärding auch Zwickledt (Kubinhaus), Vornbach, Schloss Neuburg und Fürstenzell. Die Rokokokapelle von **Schloss Kleeberg** lädt jeden Mittwoch um 8 Uhr zur Messe.

Wirbt vor dem Rathaus für den Ruhstorfer Kultursommer: die Harlekin-Bronze von Manfred Loher.

Die **Barockkirche Mariä Himmelfahrt** in Ruhstorf birgt auf dem Sockel des Hochaltars von Josef Narziss Modler eine lebensgroße Holzfigur der Muttergottes aus dem 17. Jh. Ins Auge fallen die lebhaften Farben des Stuckmarmors – Rot, Gelb, Grau und Schwarz –, die mit vergoldeter Rocaille-Schnitzerei gerahmt sind. Das Freizeitzentrum von Ruhstorf ist mit allen Sportanlagen inkl. Tennis, Tanzsport, Rollstuhl- und Seniorensport, Hallen- und Freibad/Sauna ausgerüstet.

Auskunft

Auskunft/Prospekte mit Kultursommer und Urlaubsquartieren bei der Gemeindeverwaltung 94095 Ruhstorf an der Rott, Tel. 08531-93120
Internet: www.ruhstorf.de
E-mail: ruhstorf@t-online.de
Unterkünfte auch im benachbarten Pocking (s. dort).

GASTLICHKEIT

Ring-Hotel Antoniushof (4 Sterne), Ernst-Hatz-Straße 2, Zimmer mit Lift, Hallenbad, Saunawelt, Massagen/Bäder, Schönheitsfarm, Restaurant; ⌂⌂ - ⌂⌂⌂
Tel. 08531-93490
Internet: www.beautyfarm.de/antoniushof
E-mail: Antoniushof@t-online.de

Pension Graml, Römerstr. 48, Ferienwohnung für 2-4 Pers. ⌂⌂ Zimmer ⌂, Liegewiese, Grill, Fahrräder, Tel. 08531-3574 oder -31627, Fax -31424

Gasthaus Hölzwimmer, Kleeberg 6, Zimmer, Gastgarten, Camping, ⌂, Tel. 08534-336, Fax -842107.

Sammarei

Aus Sancta Maria wurde im heimischen Sprachgebrauch Sankt Marei, dann das aller Förmlichkeit beraubte »Sammarei«. Die Wallfahrtskirche 6 km westlich von Ortenburg ist nach Altötting der größte Wallfahrtsort der Diözese Passau und sie birgt eine Kostbarkeit: die **Kirche in der Kirche.** Der Überlieferung zufolge stand die Holzkapelle als Teil eines landwirtschaftlichen Anwesens vor 1521, ihrer ersten Erwähnung. Als nach 1600 der Hof abbrannte, blieben die Kapelle und der ihr zugeneigte Zweig eines Quitten-

baums wie durch ein Wunder verschont. Der Aldersbacher Abt brachte die Früchte der Landesmutter Elisabeth, um sie als Fürsprecherin einer Wallfahrtskirche bei ihrem Gemahl Kurfürst Max I. zu gewinnen. Wie in Assisi wurde die Kapelle als Heiligtum bewahrt; sie füllt den Chorraum aus. Wer die barocke Hallenkirche betritt, sieht sich einem mächtigen, von Wand zu Wand reichenden Altar gegenüber. Unterhalb des **Hochaltars** wie auch zweier Seitenaltäre ist eine Öffnung für ein schmiedeeisernes Gitter ausgespart. Dahinter wird die Kapelle mit dem Madonnenbildnis und dem innig an ihre Wange geschmiegten Jesuskind sichtbar, die Kopie des Werkes eines altdeutschen Meisters.

Die schindelgedeckte Kapelle ist mit Votivbildern aus vier Jahrhunderten geschmückt. Oberhalb der Tafeln preisen sechs Bilder von 1731 allegorisch die Gottesmutter. »Auserwählt wie die Sonne, schön wie der Mond«, heißt es an einer Stelle.

Hauptaltar, Altar der Gnadenkapelle und Orgelaufbau stammen von Jakob Bendl. Die kräftig ausgemalten Altarblätter – das mittlere gibt Mariä Himmelfahrt wieder – harmonieren mit der Plastizität des Goldzierats auf schwarzem Grund und den vergoldeten Reiterfiguren: zur Linken der Drachenkampf des hl. Georg, rechts St. Martin, wie er einem Bettler seinen Mantel überlässt. Eine Kostbarkeit ist die Sammareier Krippe als Teil der fünf Geheimnisse des Rosenkranzes.

Wir wissen nicht, was den Künst-

Links: Der »g'schlamperte Engel« von Sammarei. Rechts: Sankt Georgs Drachenkampf – Hauptaltar von Sammarei.

ler Bendl bewogen hat, oberhalb von St. Martin den so genannten **»g'schlamperten Engel«** mit unzweideutiger Geste und zwei Paar verschiedenen Schuhen einzubringen.
Wallfahrt und Seelsorge werden von Salettinerpatres aus Polen mit betreut. Die Kirche steht tagsüber offen, die Kapelle kann nur in Zusammenhang mit der täglichen 16-Uhr-Messe aufgesucht werden (Gruppen nach Voranmeldung).
Kirchliche Feste: Lichterprozession am Vorabend (14.8.) von Mariä Himmelfahrt.
Kloster der Salettiner,
Tel. 08542-653 oder Kath. Pfarramt Haarbach, 08535-261.
Zur Pfarrei gehört die Kirche von Grongörgen westlich von Haarbach (siehe unter G).

Sankt Salvator

Die viel fotografierte ehemalige Klosterabtei zwischen Bad Griesbach und Ortenburg, jetzt in Privatbesitz, bietet Feriengästen Unterkunft. Die frühbarocke Kirche von 1632 mit Dekormalerei anstelle von Stuck und bemerkenswerten Seitenaltären kann man besichtigen.
Am Anfang der Klostergründung stand ein verfallenes, zum Kloster Osterhofen gehöriges Gut, in dem zwei Brüder und mit ihnen bald Gleichgesinnte zurückgezogen ein frommes Leben führten. 1288 übernahm Osterhofen den so auch hier begründeten Prämonstratenserorden, 1441 wurde Sankt Salvator (»Heiliger Heiland«) zur Abtei erhoben. Zwei Jahrhunderte später zerstörte ein Großfeuer Kloster und Kirche.
Der Wiederaufbau folgte einer italienischen Stilrichtung zwischen Renaissance und der später Barock genannten Epoche. Die tonnengewölbte Kirche in ihrer heutigen Gestalt enthält auch Elemente des bayerischen Hochbarock und Rokoko. Die Deckengemälde zum Erlöserwerk Christi hat der junge Maler Franz Anton Rauscher, Hofwirt zu Aicha an der Donau und Schüler Egid Quirin Asams, illusionär in Barockrahmen gestellt. Reich die Ornamentierung der Bögen und Säulen. Der Hochaltar mit dem in weichen Farben gehaltenen Bild von Christi Auferstehung wurde später durch Seitenaltäre von Joseph Deutschmann ergänzt, so der Altar der Dreifaltigkeitsbruderschaft von 1782 mit Madonna und Gründern des Trinitarierordens.
Die einstigen Klosterräume, originalgetreu restauriert, werden teilweise als Ferienwohnung vermietet (Tel. 08542-96190, Fax -961919); 🏠🏠 - 🏠🏠🏠
Pauschalangebote erfragen.
Unweit des Klosters Tennisanlagen und Reiterhof, im Winter Skilanglauf und Spaziergänge im Waldgebiet Steinkart.

Sankt Wolfgang

Kirche und Dorf oberhalb von Weng bei Bad Griesbach bestechen durch Ausstattung und Lage. Wenige Kilometer bergauf bei Buchet schweift der Blick weit ins Hügelland, bei klarem Wetter bis zu den Alpen.
Die Gründungslegende: Im Jahr 976 hatte sich der hl. Bischof Wolfgang von Regensburg, Helfer der Kranken und Gebrechlichen, im Forst verirrt. Um wieder herauszufinden, warf er sein »Hackl« – hochdeutsch Beil – und folgte der Richtung, die das Beil ihm wies. So gelangte er ins Freie und begründete eine Wallfahrt da, wo das Hackl eingeschlagen war.
Die dem Heiligen gewidmete kleine Barockkirche mit schönen Votivtafeln und Holztür mit schmiedeeisernem Beschlag geht in Teilen bis ins Mittelalter zurück. Das Altarbild Sankt Wolfgangs flankieren als Assistenten König Sigismund und Bischof Quirin, Arbeiten Wenzel Jorhans. Ein Fresko an der Chorwand zeigt Anna selbdritt, die Schutzmantelmadonna und die 14 Nothelfer. Das Annenmotiv kehrt als Skulptur am Langhaus wieder. Bruder Konrad wurde hier getauft.
Ab B 388 nimmt man die Abzweigung Weng, an der Kreuzung links – geradeaus kommt man zu Bruder Konrads Geburtshaus und nach Bad Griesbach-Altstadt.

Kirche und Kloster St. Salvator bei Bad Griesbach aus dem 17. Jh. Klosterräume werden auch als Ferienwohnung angeboten.

Schärding

Im Unterschied zum gotischen Braunau hat sich Schärding – seit 1316 Stadt – als Barockensemble in die Annalen der Kulturgeschichte eingeschrieben. In den Mauern eines Klosters wird mit altösterreichischem Charme die Kneippkur verabreicht. Musik, Literatur, bildende Kunst, Brauchtum und Schmankerl der Innviertler Küche sind geboten.

Schärding gegenüber mündet die Rott in den Inn. Die Stadt wurde wie Braunau auf einem Granitsporn hoch über dem Fluss errichtet. So war sie vor Überschwemmungen sicher und bei Überfällen leichter zu schützen. Angriffsziel war sie durch Jahrhunderte, meist im Verlauf eines Erbfolgekriegs.

Die Schärdinger Altstadt mit dem langgezogenen **Stadtplatz** und der »Silberzeile« betritt man durch das Doppeltor. Barock geschwungene Giebel wurden auf gotische Häuser gesetzt. Was die **Silberzeil** betrifft, könnte ein Zusammenhang mit den Silberlingen bestehen, die zu Zeiten der florierenden Innschifffahrt den Kaufleuten reichlich in den Taschen klimperten. Sie handelten mit Salz, Holz, Tuffstein, Salzburger Marmor, welschen Weinen und Spezereien, die aus Venedig geliefert wurden, damals das Tor zum Orient.

Wuchtig in den oberen Stadtplatz hineingebaut ist der barocke Komplex des »Kretzl«. Zwei Brunnen schmücken die Altstadt,

Der obere Stadtplatz mit den barock geschwungenen Giebeln der Silberzeile, die auf gotische Giebel aufgesetzt wurden.

der Christophorus-Brunnen am oberen, der Georgibrunnen am unteren Platz. Märkte, Feste, Brauchtumsveranstaltungen finden einen stilvollen Rahmen.

Flanieren auf der Innlände, dem alten Treidelpfad

Den schönsten Ausblick genießt der Besucher von den Schlossterrassen (Aufgang Schlossgasse): auf die Innbrücken und Schloss Neuhaus am andern Ufer. Im Kubinsaal, Teil des einst vorhandenen Schlosses, finden die meisten Veranstaltungen musikalischer Art, Theater, Tagungen statt, ein anderer Raum dient für Ausstellungen.
Heimatmuseum im äußeren Schlosstor: Wohnkultur und Kunsthandwerkliches der Vorfahren, Schnitzkunst und Goldhaube, Schwanthaler Kreuz und Bilger Holzriss.
April bis 31. Okt. Mi/Do 15-17 Uhr, Fr/Sa 10-12 Uhr.
Beliebt bei Spaziergängern und abendlich flanierenden Paaren ist die Innlände, der ehemalige Treidelpfad. Schwere Kaltblutpferde zogen früher die Schiffe flussaufwärts. Mit dem Kraftwerksbau Passau-Ingling wurde der Weg höher gelegt, die Festungsmauer »zum Schatten einstiger Größe«, wie ein Heimatpfleger bedauert. Ihren Reiz hat sie dennoch nicht eingebüßt, so wenig wie das breite Wassertor: bei Hochwasser

TIPP: Hausbootparty

Kapitän Scheureckers »Salzfürstin Gerde«, eine Art Hausboot, dient dem reinen Vergnügen: mit Grillparty, auf der Schnapsbrennertour und so weiter.
A-4780 Schärding, Tel. 0043-7712-3231 und -5404, Fax -32314.

schwappt der Inn herein.
Auf dem »Eichbüchl« westlich der alten Innbrücke stand im 17. Jh. ein Kapuzinerkloster. 1928 nahmen sich die Barmherzigen Brüder der verwaisten Gebäude an und gründeten eine Kuranlage nach Pfarrer Sebastian Kneipp, bei der Wasser, gesunde Ernährung und Bewegung, auch Wellnessangebote wie Wirbelsäulentraining, Entschlackungswoche, Venenkur, Massage, die Harmonie von Körper, Geist und Seele fördern sollen.
Kneipp- & Gesundheitszentrum der Barmherzigen Brüder,
Tel. 0043-7712-3221,
Fax -3221400
Internet: www.barmherzige-brueder.at
(3 Sterne); ⌂⌂/⌂⌂⌂ inkl. VP.
Den Patres gegenüber bietet das **Kurhotel Gugerbauer,** Kurhausstr. 4, ein verwandtes Programm, Tel. 0043-7712-3191, Fax -319150
Internet: www.tiscover.com/kurhotel.gugerbauer
⌂⌂, HP und VP möglich.
Außerdem: **Galerie am Stein,**

Lamprechtstr. 16, Di-Fr 16-19 Uhr, Sa 10-12 Uhr
Glass-Art, Oberer Stadtplatz 26, Di-Fr 14-18 Uhr, Sa 9.30-12 Uhr.

FESTE/MÄRKTE

Wochenmarkt Oberer Stadtplatz, Do vorm.
Bauernmarkt Oberer Stadtplatz 1./3. Sa im Monat vorm.
Flohmarkt Unterer Stadtplatz, 1. Sa im Monat vorm.
Blasmusik Juli/August am Samstagabend
Stadtfest Mitte Juni.
Schärding im Weihnachtsschmuck mit Markt, Singen, Perchtenlauf, Ausstellungen Stadtplatz im Dez.
Brunnenthaler Konzertsommer in der schönen Barockkirche Mai bis Ende August jeweils Sonntagabend (Barock und Klassik)

GASTLICHKEIT

Forstingers Wirtshaus Romantik Hotel & Restaurant (4 Sterne), eigene Angelfließgewässer, Unt. Stadtplatz 3, Tel. 0043-7712-2302 u. -3298, Fax -23023;
E-mail: romantikhotel-forstinger@magnet.at
Austria Classic-Hotel Schärdinger Hof, Zimmer FeWo , Innbruckstr., (4 Sterne) Tel. 0043-7712-4404, Fax -4408;
Austria Classic-Hotel zur Stiege (3 Sterne) mit »Stiegenwirt«, 9-24 Uhr, Do Ruhetag, Schlossgasse 2-6, Tel. 0043-7712-30700, Fax -307084;
Appartmenthaus Unger, Denisgasse, FeWo , HP, VP im benachbarten Wirtshaus möglich, Tel. 0043-7712-3061, -Fax 30614.
Wirtshaus zur Bums'n (vom Aneinanderbumsen der Fässer beim Ausladen!), Gewölbe-

Am oberen Stadtplatz sprudelt der Christophorusbrunnen vor Haus Wimmer.

restaurant mit Gastgarten, abends bei Lampionbeleuchtung, Innviertler Schmankerl, Denisgasse 9, Tel. 3061 (tägl. außer So 8-24 Uhr).

Zum Heurigen, Denisgasse 6, Tel. 7977

Und manche andere Gaststuben, die zu entdecken sich lohnt.

Reiterhof mit Unterricht und Ausritt bei Familie Wimeder, Kreuzberg 8, Tel. 3429, Fax 34294; ⌂ und Pauschalangebote.

Tourismusverband A-4780-Schärding, Unterer Stadtplatz 19, Tel. 0043-7712-43000, Fax -4320. Falls geschlossen, Info-Computer am Büroeingang.

Internet: www.tiscover.com.schaerding

E-mail: info.scharding@upperaustria.or.at

Schildthurn

Der Kunsthistoriker sieht in Schildthurn südwestlich von Tann das gotische Ideal des zum Himmel aufragenden Sakralbaus verwirklicht. Wer Rekorde sammelt, notiert die Höhe des höchsten Dorfkirchturms zumindest in Bayern: 78 m.

Ist der finanzielle Aufwand für den Turmbau mit der einstigen Wallfahrt zu den Jungfrauen Einbeth, Willbeth und Warbeth zu erklären, die um Kindersegen angefleht wurden? Man spricht von der Christianisierung eines Nornenkults. Der Patron der **Kirche St. Ägidius** gewährt stillenden Müttern Schutz. An die Stelle der in der Kirche abgebildeten Jungfrauen trat während der Gegenreformation die Gottesmutter. Beachtenswert die Deckenmalerei von 1755 im Presbyterium: Der Dreifaltigkeit gegenüber das christliche Volk mit Papst und Kaiser an der Spitze, die Errettung aus der Türkengefahr erbitten. Der Künstler Ignaz Kaufmann hat den Gesichtern die Züge seiner Zeit gegeben. Um den linken Altar gruppieren sich Franz von Assisi und der Begründer des Jesuitenordens, Ignatius von Loyola. Die Kirche neben dem hohen

Der Kirchturm von Schildthurn (1520/1530) mit Blendarkaden gilt als einer der schönsten im Lande.

Turm ist am 1. Novembersonntag Ziel des Leonhardiritts, bei dem die Tiere den Segen empfangen. Der Schildthurner Kirche in Baustil und Größe ähnlich sind Aigen am Inn (s. d.) und **Sankt Alban in Taubenbach** südöstlich von Tann. Wie aus Wandmalereien ersichtlich, galt die Wallfahrt dort der Erlösung von Kopfleiden. Der Kirchenpatron, der Märtyrer Alban, wurde enthauptet. Die Wallfahrer opferten »Kopfdreier« oder »Albanischädel« aus Ton, die sie mit dreierlei Getreide füllten, was einen Zusammenhang zur Fruchtbarkeit der Felder nahelegt. Einige solcher Tonurnen werden im Pfarrhof bewahrt.

Kultplätze der Himmelsforschung?

An die Sternwarten Europas von 7000 Jahren erinnert sich der Astronom, denn mit dem Standort der Kirche des Weilers Schildthurn hat es eine eigene Bewandtnis, wie Hobbyastronom Karlheinz Baumgartl herausfand. Vom Turm aus ergeben sich – von der Bochumer Sternwarte bestätigt – Sichtlinien zur großen und kleinen Mondwende in Richtung des Kirchturms von Wurmannsquick beziehungsweise Zimmern und Kreuzhäusl-Thurnöd. Im Donau-Isar-Raum gruben Archäologen Spuren von Grabenrondellen mit Sonnenvisuren aus, die auf ein Alter von 7000 Jahren geschätzt werden. Stonehenge ist auch so alt, in einer seiner Bauepochen. Baumgartl erinnert daran, dass es damals an die tausend solcher »Kalender« gab, dass Priester bis in die beginnende Neuzeit auch Gelehrte waren. Wer mit dem Astronomen über das Thema diskutieren möchte, erreicht ihn unter 08572-388 in Oberhaus, 84367 Zeilarn.

Schloss Thurnstein

(→ Postmünster)

Schönau

Gäbe es weder Fernsehen noch Walt Disney, sondern immer noch die Großmutter, die ihren Enkeln Märchen vorliest, könnte die Vorstellungskraft ein **Schloss Schönau** hervorbringen. Zum Schloss gehört ein weitläufiger Park. Nicht weit die Barockkirche Heiligenberg und die Geigenbauerwerkstatt am Ort. Tätsächlich ist es dann umgekehrt gekommen: Schönau wurde zur Filmkulisse. Die im Kern gotische **Wasserburg** (s. Abbildung Klappe hinten) wurde nach 1900 durch den Münchner Architekten Gabriel von Seidl umfassend verändert. Er verwirklichte ein romantisch historisierendes Konzept mit unterschiedlichen Stilelementen und knüpfte auch an Renaissancebauten an. Den Turm mit Sonnenuhr

Schönau: Die ursprünglich gotische Wasserburg wurde vom Münchner Architekten und Naturschützer Gabriel von Seidl um 1900 umgebaut und erweitert.

glich der Architekt dem Wittelsbacher Turm von Burg Trausnitz in Landshut an.
Als Privatbesitz der Freiherren Riederer von Paar ist das Schloss nicht zugänglich, wohl aber bis 20 Uhr der **Park,** der als **Landschaftsschutzgebiet** ausgewiesen ist. 1867 gestaltete ihn der königliche Hofgärtner Ludwigs II., Carl Joseph Effner, im Stil eines englischen Landschaftsgartens. Den Besucher erfreuen der alte Baumbestand im geschwungenen Gelände, die steinernen Putten, die Pfade bis zum Wald hinauf.
Der Kirche und dem Schloss gegenüber wird der Posthalterstadl für Ausstellungen, Konzerte, Vorträge und andere Veranstaltungen hergerichtet.

Schönau/Heiligenberg

Von Schönau Richtung Westen (Unterhöft, Bergham) oder nördlich über Bachham wird schon von weitem die **Kirche von Heiligenberg** sichtbar. Sie kann nach Voranmeldung bei Familie Schachtner/Zellhuber, Tel. 08726-1801, besucht werden, oder anlässlich eines Konzerts. Der Barockbau ist dem hl. Erasmus ge-

TIPP: Serenade

Wenige Schritte von der Kirche residiert in einem altrosa Haus Geigenbauer Walter Waidosch. Gemeinsam mit seiner Frau gründete er das 1. Heiligenberger Barockorchester, das mit sommerlichen Abendserenaden (Mittelalter bis Klassik) ein Publikum bis aus München findet. Das Programm ist vielerorts ausgehängt. Man kann es auch über den Verein Kunst und Kultur in Niederbayern e.V., Heiligenberg 1, 84337 Schönau, bekommen. Konzerte werden von Mai bis Ende September gegeben.
Die Werkstatt steht nach Terminvereinbarung unter 08726-910193 oder Tel./Fax 1854 Besuchern offen.

Den Schlosspark von Schönau gestaltete ab 1867 Carl Joseph Effner aus München im Stil des englischen Landschaftsgartens.

widmet. Votivbilder erinnern an seinen Leidensweg. Der Heilige als Skulptur in der Altarmitte steht recht lebendig unter vergoldeten Vorhangdraperien und Baldachin.

Schwaibach

Am Hang Bad Birnbach gegenüber gab es einst eine Hofmark. Das Dorf Schwaibach mit der **Kirche Sankt Peter und Paul** ist Ausgangspunkt einer reizvollen Bergauffahrt nach Asenham, danach geht es talwärts bis Kösslarn oder ins Inntal.

Sehenswert in der Schwaibacher Kirche ist der Altar aus Stuckmarmor mit Rocaille-Schnitzerei, dessen Thema, Christi Schlüsselübergabe an Petrus, als Relief dargestellt ist. Überschwängliche und witzige Putten fügen dem Ereignis die Zeichen kirchlicher Würde, den Kardinalshut und den Bischofsstab, hinzu. Wahrscheinlich eine Arbeit aus der Werkstatt von Johann Baptist Modler.

Von Schwaibach empfiehlt sich die Bergauffahrt nach **Asenham** mit Kirche, alten Hofstellen in Holzbauweise und restauriertem Wirtshausstadl. Spazierwege entlang blühender Wiesen gewähren Ausblicke ins Land.

Die Weiterfahrt bergab erreicht Kösslarn (und weiter Rotthalmünster, Bad Füssing und die österreichische Innseite) oder, direkt südwärts, in gemächlicher, reizvoller Talfahrt über die Dörfer Stubenberg/Prienbach bzw. Ering und das Europareservat Unterer Inn.

Seemannshausen

Einstiges Kloster, jetzt familiär geführter Brauereigasthof mit Gewölbe, Biergarten und schönem Ausblick, s. a. Heiligenstadt

Simbach am Inn

Die Städte Simbach und Braunau liegen sich, durch den Fluss getrennt und die Innbrücke verbunden, gegenüber. Drüben Gotik, hüben Gründerzeit und Jugendstil. Der Naturerlebnisweg, gekennzeichnet durch den Fischreiher auf grünem Grund, führt von Simbach bis ins Europareservat und auf österreichischer Seite wieder zurück.

Einst dehnte sich das Flusstal bei Hochwasser und Abschmelzen der Alpengletscher im Frühjahr bis an die Innterrassen, wo sich im Mittelalter die Burgen Julbach und Erneck erhoben. Der Landshuter Erbfolgekrieg hat sie dem Erdboden gleichgemacht. Simbach war über Jahrhunderte nichts als ein Dörfchen, häufig wurden hier die Schlachten entschieden, denen die Festungsstadt Braunau standhielt. Die wenigen Gehöfte fielen dabei in Schutt und Asche.

So ist Simbach – benannt nach dem Bach, der hier in den Inn mündet – ein Spätentwickler unter den bayerischen Städten. Erst als Braunau 1779 österreichisch, der Fluss zur Grenze wurde, begann der Aufstieg Simbachs zur Zoll-, später Bahnstation, 1950 die Erhebung zur Stadt.

Zeitweilig hielt hier der Orientexpress, eine stillgelegte Dampflok vor dem weitläufigen Bahnhofsgebäude erinnert daran.

Das Jugendstil-Rathaus

Der Stadtkern wurde unter Wahrung der Bausubstanz aus Gründerzeit und Jugendstil behutsam saniert. Straßen wurden zu Alleen, Plätze eingegrünt. Das **Rathaus** an der Innstraße hat 1909 der Münchner Peter Danzer entworfen. An den Turm gliedert sich ein Schweifgiebeltrakt mit schmalen Säulen an, auf denen Majolika-Putten thronen. Ein von Staketen und Mäuerchen gesäumter Rosengarten öffnet sich zum rückwärtigen Eingang, Refugium und Übergang zum Kirchplatz mit der neugotischen Pfarrkirche Mariä Himmelfahrt.

Das Heimatmuseum

Der Brunnen vor dem Rathaus ist den Partnerstädten Braunau und Skipton gewidmet. Auf der anderen Straßenseite, in einem kleinen Park, steht das **Heimatmuseum** (früher Finanzamt). Themen: Innschifffahrt, Erfindungen Simbacher Industriepioniere, Trachten und Spielzeug, sakrale Kunst. Beliebt sind die qualitätvollen Sonderausstellungen zu Brauchtum, Kunst und Technik.

Di 15-17 Uhr, Fr 18-20 Uhr, bei einer Sonderschau auch So 15-17 Uhr. Tel. 08571-2891.

Jenseits von Park und dem Simbach steht das **Bürgerhaus,** einst E-Werk und Industriedenkmal der Gründerzeit wie die Waggon-Ausbesserungshalle am westlichen Bahngelände. Der Schlagbaum an der Innbrücke ist gefallen. Die

Nachbarn Simbach und Braunau (zusammen 28 000 Einwohner) arbeiten im Rahmen von EU und Euregio an der gemeinsamen Zukunft.
Wichtigstes Projekt ist die Geothermie. 1999 wurde in Simbach der Bohrturm aufgerichtet, seit 2000 werden die heißen Quellen als schadstofffreie Energie genutzt (s. S. 19).
1994 öffnete die **Inntal-Klinik** Dr. Rother, die sich mit Rehabilitation unter psychosomatischen und ganzheitsmedizinischen Gesichtspunkten befasst. Das Simbacher Krankenhaus ist das erste – und sehr erfolgreiche – Modell für Naturheilkunde im Rahmen der Ganzheitsmedizin, ein Projekt der Münchner Maximilians-Universität.

Radeln in den Innauen

Spazier-, Radl- und Reitwege bieten die Innauen und Dämme sowie die bewaldeten Hangpfade: westlich nach Hitzenau-Julbach und Kirchdorf/Badesee, nördlich nach Kirchberg, östlich zum Schellenberg mit weitem Ausblick, sowie im Raum Stubenberg-Ering. Der **Inntal-Radweg,** hier als Naturerlebnisweg beschildert, berührt die Stadt an der Innbrücke (s.a. Radwanderteil). Man radelt in Ufernähe bis zum Infozentrum Ering (s.dort), über die Kraftwerksbrücke nach Frauenstein, weiter zur Bucht von Hagenau und über Diethfurt nach Braunau zurück. Rastmöglichkeiten in Ering, beim Mostbauern auf österreichischer Seite (Do-So Frühjahr bis Herbst) und beim Wirt von Hagenau.

Wahrzeichen Simbachs: Das Rathaus, ein Jugendstilbau von 1909, behutsam saniert.

Reitsportanlagen und **Pferdepension St. Leonhard** mit Halle, Unterricht, Gastronomie, Erlacher Au 1 in 84359 Simbach, Tel. 08571-7666

FESTE UND MÄRKTE

Pfingstdult mit Markt Mo/Di, Festwiese
Stadtfest letzter Junisamstag, Kirchplatz
Fischerfest 2. August-Wochenende, Festwiese
Wochenmarkt Samstag, Kirchplatz
Christkindlmarkt Sa vor 1. Advent bis 2. Advent, Perchtenlauf, Chöre, Nikolaus, am Kirchplatz: einer der schönsten im Lande!

GASTLICHKEIT

Hotel und Restaurant Göttler, gepflegtes altbayerisches Ambiente, Pfarrkirchnerstr. 24, 08571-2311
Kirchberger Hof, Matzenhof 60 in Kirchberg nördl. der Stadt, 08571-91480
Wimmer Weißbräu, Nähe Rathaus, altbayerische Küche, Gästezimmer, 08571-1418
Bistro/Café Valentino, Innstraße
Ristorante O sole mio, Innstraße, familiär, gute Küche
Hotel und Gasthaus zur Post in Prienbach, 5 km östlich an der B 12, 94166 Stubenberg, 08571-6000; /

Weitere Cafés, Gasthäuser am Ort. Liste privater Vermieter inkl. FeWo durch die Stadt 84359 Simbach am Inn, Tel. 08571-60632.

Suben

Das einstige Augustiner-Chorherrenstift ist seit 1955 Strafvollzugsanstalt. Zugänglich ist die von Meistern ihrer Zeit gestaltete Stiftskirche, und so bietet sich ein Abstecher an.
Suben liegt am österreichischen Innufer einige Kilometer südlich von Schärding und unweit der A 3, von Bad Füssing kommend etwa 20 km östlich von Obernberg/Reichersberg.
Im Mittelalter war das Stift ein Zentrum kirchlich-kulturellen Lebens und der Kolonisierung in wenig erschlossenem Land. Ein frühes Kirchenmodell ist auf dem Grabstein der Stifterin Tuta abgebildet: die dreischiffige Pfeilerbasilika mit drei Ostapsiden.
Beim Neubau 1766 bis 1770 strebten die Münchner Baumeister um Johann Michael Fischer ähnlich wie im Dom zu Fürstenzell eine rhythmisch verbindende Architektur zwischen Chor, Hauptschiff und Empore an. Für die malerische Ausgestaltung zeichnet wie in Asbach der Tiroler Johann Jakob Zeiller verantwortlich, für das reiche Stuckwerk Johann Baptist Modler aus Kösslarn.
Als Höhepunkt seiner Laufbahn werden die Aufbauten der Werkstatt Joseph Deutschmann be-

TIPP: Landeskunde

Die mächtigen eiszeitlichen Felsblöcke im wild romantischen Kirnbachtal sind Ziel einer Wanderung mit Landschaftsführerin Christa Kick (Tel. 08571/5825, kleine Gruppen). Führungen auch zum Schellenberg, der höchsten Erhebung im Voralpenraum mit Blick weit ins Österreichische.

zeichnet, das heißt Altäre, Kanzel, Orgelgehäuse, die 16 Figuren der Westempore und das Chorgestühl.

Tann

Dem Rott- wie dem Inntal verbunden ist der im 14. Jh. zum Markt erhobene Ort, von dessen Anhöhen bei klarem Wetter die Alpenkette zu sehen ist. Der Kunsthandwerkermarkt Ende August lockt zahlreiche Besucher an. Nach dem Dreißigjährigen Krieg grub ein Schreinergeselle in zwei Fuß Tiefe ein **Kruzifix** aus: eine der seltenen Arbeiten mit echtem Bart und Haupthaar, das in der warmen Amtsstube des Kämmerers weiterwuchs (durch den Temperaturunterschied?). Jedenfalls verhalf das Wunder den geplünderten Tannern dank bischöflicher Anerkennung zu einer lukrativen Wallfahrt, die zeitweise Altötting überflügelte. In der klassizistischen Kirche St. Peter und Paul hat das Kreuz als »Herrgott von Tann« einen Platz über dem Tabernakel des Hochaltars gefunden. Bis nach Amsterdam und Venedig lieferte die **Tanner Tuchmacherzunft** Stoffe. 1387 soll sich auf der Münchner Jacobi-Dult der Herzog mit Tanner Tuch eingedeckt haben, das auch am französischen Hof Gefallen fand und Segelschiffe für Expeditionen ausrüstete.
In Tann, dem beschaulichen Marktflecken der Innstadtbauweise wie auch in benachbarten Höfen fühlen sich Feriengäste wohl, der reizvollen Höhen und der Nähe zu oberbayerischen Ausflugszielen wegen.
Marktverwaltung 84367 Tann, Rathaus, Tel. 08572-96000.
Gasthäuser und Cafés am Markt und am Kirchaufgang.
Beim Wachsmarkt zu Lichtmess Ende Januar wechselten früher die Ehhalten (Dienstboten) den Hof und die Knechte bedankten sich bei den Mägden fürs Aufbetten mit einem Wachsstöckl (verzierte Kerze).
Von weither besucht ist der **Kunsthandwerkermarkt** zu Bartlmä Ende August. Die Tanner Kulturzentrifuge beteiligt sich mit Pantomime, Kinderspaß und abends mit heißen Rhythmen.
Anfahrt nach Tann von der B 388 ab Pfarrkirchen-Mitte Richtung Simbach, am Stadtende rechts (ausgeschildert).

Von Tann bieten sich Ausflüge entlang des Türkenbachs ins Inntal oder zum höchsten Dorfkirchturm Bayerns an: vom Südende des Marktes westlich bergauf, dann am Ortsende links bergauf zur Höhe von Schildthurn (s.o.)

Taubenbach

Dorf mit geschlossenem Kirchenensemble und St.-Alban-Kapelle (→ Schildthurn)

Tettenweis

Nordwestlich von Pocking, ab der B 388 noch etwa 5 km, steht in Tettenweis das Geburtshaus des Malers Franz von Stuck. Der Sohn eines Müllers wurde 1863 geboren. Seine Erfolge als Maler einer mystischen und allegorisch-erotischen Welt wurden zu Hause anfangs misstrauisch betrachtet. Von Stuck gilt als wichtigster Maler des Jugendstils in München. Geadelt wurde er 1906, als er schon Lehrer u.a. von Kandinsky und Klee war, die ihn als Avantgarde überholten. Doch blieb Stuck gefragter Maler, Planer und Fotograf, seine Bilder erleben eine Renaissance. Sich selbst gestaltete er eine Prachtvilla in der Münchner Prinzregentenstraße, wo er im Alter von 65 Jahren einem Herzanfall erlag.
Das Geburtshaus zeigt Grafiken, Zeichnungen und Ölbilder. Man bekommt Stuck-Publikationen. Mi-So 14-16.30 Uhr.

Der Tanner Kunsthandwerkermarkt zu Bartlmä Ende August zieht Besucher, Groß und Klein, von weither an.

Tel. 08534-1299. Kleines Café dem Haus gegenüber.
Am Ortsausgang Richtung Schmidham oder Bad Griesbach (über Reutern) steht der neuromanische Bau der **Benediktinerinnenabtei St. Gertrud,** 1899 als Priorat von Frauenchiemsee begründet. Die Schwestern widmen sich der Herstellung von Dinkelkissen und anderen Dinkelprodukten. Für einen Besuch einfach an der Klosterpforte läuten.

Triftern

Der Marktflecken südlich von Bad Birnbach geht auf einen mittelalterlichen Thing (Gerichtsort) zurück und ist beliebte Station der Wanderer und Radler im Altbachtal (s. Radwanderteil).
Die Pfarrei ist seit 1170 bezeugt, auch ein ländliches Gut mit Schlösschen ist früh belegt. Der Markt mit gefällig restaurierten Häusern der Innstadtbauweise ist Mitte Juni Ziel eines landesweit bekannten **Triathlon** (Schwimmen, Radeln mit beträchtlichen Höhenunterschieden, 5 km-Lauf).
Gemeinde 84371 **Triftern,** Rathaus, Tel. 08562-96100.
Ein Radwanderweg führt von Bad Birnbach durchs Altbachtal. In der Thalhammer Schlucht, 3 km von Anzenkirchen, treten gewaltige Felsblöcke aus Nagelfluh, dem Geschiebemergel der letzten Eiszeit, zutage, z.B. der Krokodilsfelsen, ebenso in der Kaser Steinstube bei Voglarn und im Pelkeringer und Eckinger Gerümpel. Wegekarten bei der Gemeinde.
Wer sein Bier da trinken möchte, wo es gebraut wird, schaut unten am Markt beim **Bauer-Weißbräu** vorbei: Kleinstbrauerei mit gemütlichem Gasthaus, Wände holzgetäfelt, auf der Speisekarte Rottaler Schmankerl und andere Gerichte (mittags und abends offen, Di Ruhetag, Tel. 08562-1250).

Frauenporträt von Franz von Stuck, Mitbegründer der Sezession und Akademieprofessor in München.

Unterdietfurt

Unbedingt sehenswert ist die Kirche des Ortes, die wie die Eggen-

feldener Stadtpfarrkirche zur Zeit der Hochgotik gebaut wurde. Die dreischiffige Staffelkirche hat ein auf Konsolen ruhendes Rippengewölbe und einen Westturm in der Mittelachse.
Treffpunkt der Kunsthandwerker ist im Mai und zur Weihnachtszeit die **Keramik-Werkstatt** Miguels Lockett von Wittelsbach in der Furtmühle. Befreundete Handwerker tragen zu den Sonderausstellungen mundgeblasenes Glas, edle Obstbrände, Silberschmuck und kleine Gemälde bei. Abzweigung Vordersarling/ Unterdietfurt von der B 388, Tel. 08724-1698.

TIPP: Blaudrucker

Blaudruck mit Indigo-Farben kam aus Indien zu uns. Mit weißen Mustern versehen schmücken solche Stoffe traditionell das Rottaler Bauernhaus. Eduard Zinsberger in Reut (Tel. 08572/1274) verfügt über rund 200 Models (Muster) und erläutert Besuchern auch die Technik. Der Kurs dauert einen Abend.
Bei Maria Maierhofer, ebenfalls in Reut (Tel. 08572/608) können Zinsbergers Muster auf weißem Tuch auch mehrfarbig gedruckt werden. Man kann die Stoffe als Decke, Fensterdekor oder Kissenbezug verwenden.

Vornbach

Auf halbem Weg zwischen Neuhaus am Inn und Schloss Neuburg steht die einstige Benediktinerabtei. In der früheren Klosterkirche im Stil des Barock (Besichtigung) finden im Sommer Konzerte statt. Vornbach war Sitz eines Grafengeschlechts, bis Graf Ekbert 1094 Schloss Neuburg den Vorzug gab und die Gebäude in schöner Innlage für eine Klostergrün-

dung zur Verfügung stellte. Die Räumlichkeiten wurden zu Privatwohnungen umgebaut.
Die 1125 begonnene **Basilika** fand 1637 Eingang in das Konzept einer Barockkirche mit einschiffigem Tonnengewölbe. Der Raum wirkt sehr licht und ist reich mit Stuckaturen von Joseph Ignaz Holzinger und seinem Schüler Johann Baptist Modler ausgestattet. Sie rahmen auch das marianische Freskenprogramm der Decke. Das Hochaltarblatt zwischen Säulen und barocken Aufbauten in Gold- und Altrosatönen ist von Bartolomäus Altomonte. Gerühmt werden der Akustik wegen die Konzerte in der Kirche.

Westernstadt

Wildwest pur, mit Indianerzelten, Trapper Lodges und – so man will – Übernachtung im Palace Hotel: Auf 200 000 m² wird in **Pullman City** Amerikas Vergangenheit lebendig: Billard Saloon, Shop für Western-Ware, Ponyreiten-Unterricht und Trailritte auf ausgebildeten Western-Pferden. Im Erdhaus sind Indianertänze zu sehen. Oder man versucht sein Glück beim Goldwaschen, und wer will, kann sich ein Cowboy-Kostüm auf den Leib schneidern lassen.
Auf der A 3 Passau-Deggendorf, Ausfahrt Garham/Eging am See. Rund ums Jahr geöffnet, vor Weihnachten Markt, im Winter Schlittenhunderennen. Tel 08544-91317. Tel/Fax Palace Hotel 08544-916147.

Zwickledt/Wernstein

Auf das wildromantische Inntal südlich von Passau mit der Feste Neuburg blickt von österreichischer Seite der Landsitz Zwickledt, langjähriger Wohnsitz von Alfred Kubin, heute Museum. Eine Fähre setzt Ausflügler nach Schloss Neuburg über.
Die Landstraße von Schärding erreicht in Wernstein einen Ausblick ins Inntal. Von der Mariensäule ist im Sommer ein Übersetzen auf die deutsche Seite mit Schloss Neuhaus möglich (keine Autos). Die Mariensäule stand in Wien, bis sie Kaiser Leopold I. dem Neuburger Grafen Georg Ludwig von Sinzendorf überließ.
In Wernstein führt die Straße durch eine Schlucht bergauf. Oben geht eine Abzweigung zum Gut Zwickledt, das Kubin 1906 erwarb und bis zu seinem Tod 1959 bewohnte. Seime Grabstätte ist in Wernstein. Der gebürtige Böhme wurde 82 Jahre alt.
Ein umfassendes Kubin-Archiv besitzen das Lenbachhaus in München und das Landesmuseum Linz. In Zwickledt sind eine Reihe von Federzeichnungen und Lithos des »Organisators des Ungewissen, Zwitterhaften und Dämmrigen« zu sehen, darunter Karika-

turen wie die des nächtlichen Streuners mit seinem Hund. Wohl kein anderer hätte die Szene treffender und mit leichterer Hand zu Papier gebracht.
Die Wohn- und Arbeitsräume Kubins mit Bibliothek sind mit Führung 14.30 Uhr und 16 Uhr zugänglich. Anmeldung unter 0043-7713-6603 empfiehlt sich. Im Dachgeschoss stellen zeitgenössische Künstler aus, deren Werk mit Kubin korrespondiert. Apr. bis 31. Okt. Di/Mi/Do 10-12 und 14-16 Uhr, Fr 9-12 und 17-19 Uhr, Sa/So/Feiertage 14-17 Uhr. Mo geschl.

Gastliches Ambiente: Im Gutshof Uttlau bei den 18-Loch-Meisterschafts-Golfplätzen Uttlau, Lederbach und Brunnwies wird nicht nur für Golfspieler aufgetischt.

TIPP: Rottaler Spaziergänge

von Mai bis September, Beginn So 15 Uhr. Führungen mit von Jahr zu Jahr variierendem Programm. Von Schönau aus wird ein Schäfer mit seiner Herde besucht. Mit dem Förster geht es in die Auenlandschaft am Kirchdorfer Waldsee. Ländliche Bauweisen mit Holz werden in Massing erläutert. In Zeilarn-Oberhaus kann man einen parkähnlichen englischen Staudengarten besuchen. Weitere Ziele: die Geigenbauerwerkstatt in Heiligenberg, die Wallfahrtskirche St. Alban/ Taubenbach.
Auskunft: Landratsamt Rottal-Inn, Tel. 08561-20362/63.

AUSFLUG
NACH
PASSAU

Dreiflüssestadt Passau

Rund 30 km vom Bäderdreieck präsentiert Passau am Zusammenfluss von Donau, Inn und Ilz eine in 2000-jähriger Geschichte gewachsene Stadtlandschaft, die viele zu den schönsten des Landes zählen. Der Autor Stefan Rammer ist Kulturredakteur der »Passauer Neuen Presse«.

Auf einem Felsen zwischen Inn und Donau ist das bedeutendste Passauer Bauwerk, der Dom St. Stephan, erbaut. Er war im Mittelalter das Zentrum eines der größten geistlichen Reiche. 1000 Jahre lang dehnte sich die Passauer Diözese von der Mündung der Isar in die Donau bis hinunter nach Ungarn aus. 739 wurde Passau Bischofssitz, 999 bekamen die Fürstbischöfe die Hoheit über die Stadt. Der fürstbischöfliche Passauer Hof war ein begehrter Treffpunkt für Minnesänger und Gelehrte. Enea Silvio Piccolomini, der 1458 zum Papst Pius II. gewählt wurde, meinte, es sei leichter, in Rom Papst zu werden als in Passau Bischof.

Blütezeit und Niedergang

Passau war nicht nur Zentrum eines großen geistlichen Reiches, sondern auch Hauptstadt eines deutschen Fürstentums, das gleichberechtigt zwischen den Herzogtümern Österreich und Baiern stand. Bis zur Säkularisation 1803 regierte der Passauer Staat. Die Schifffahrt brachte den Kaufleuten gute Gewinne. Ein selbstbewusstes Bürgertum entwickelte sich, auf goldenem Boden gedieh in 23 Zünften das Handwerk. Passauer Wolfsklingen – noch heute im Stadtwappen – erwarben sich Weltruf. Bis ins 18. Jh. galt das Stapelrecht. Kein Schiff durfte an der Stadt vorbeifahren, der Weitertransport wurde nur mit Passauer Schiffen erlaubt. Vor allem Salz, Wein und Getreide wurden umgeschlagen.
Nach der Säkularisation – das Fürstbistum wurde dem bayerischen Staat einverleibt – versank Passau in der Bedeutungslosigkeit. Der Fall des Eisernen Vorhangs brachte die Grenzstadt wieder in die Mitte Europas. Auch dank der 1978 gegründeten Universität wurde das 1980 zur Europastadt ernannte Passau zum Bindeglied zwischen Mittel- und Osteuropa. Passau hat etwa 50 000 Einwohner und begrüßt rund zwei Millionen Gäste pro Jahr.

DIE SEHENSWÜRDIGKEITEN

Veste Oberhaus

Die vom Handel reich gewordenen Passauer Bürger wollten die Selbstverwaltung, den Status einer »Freien Reichsstadt« und revoltierten gegen die Macht der Fürstbischöfe. Das Oberhaus 108 m über der Stadt ist Symbol der 1217 erlangten Reichsfürstenherrlichkeit und war Trutzburg gegen die Bürgerschaft. Mehrmals im 13. und 14. Jh. flohen die Fürstbischöfe bei Bürgeraufständen auf die Veste. Die kirchlichen Herren schossen von dort mit Mörsern und Kanonen auf die Bürger und deren Rathaus hinunter und behielten immer die Oberhand. Viele Passauer Bürger, auch Juden, Wiedertäufer oder Lutherische, schmachteten in den Kerkern der Veste. Der Habsburger Leopold I. suchte hier Schutz und Napoleon startete vom Oberhaus aus seine Unternehmungen gegen Österreich. 1822 wurde die Veste Staatsgefängnis für politische Gefangene und galt bis 1918 als die berüchtigte »Bastille Bayerns«.

Museen im Oberhaus

Oberhaus, St.-Georgs-Berg 125, 94034 Passau, Tel. 0851-396312, -352 u. -46698, Fax -49786. Geöffnet von März bis Jan. Di-Fr 9-17 Uhr, Sa, So/Fei 10-18 Uhr.
Internet: www.oberhausmuseum.de

Das **Städtische Museum** zählt mit mehr als 50 Räumen (3000 m²) zu den größten kommunalen Museen Deutschlands. Sehenswert sind die Abteilungen »Passau – Stadt im Mittelalter«, »Der Salzhandel« oder »Zunft und Handwerk«. Zeugen der Vergangenheit werden mit neuesten museumstechnischen Methoden präsentiert.

Auf der Landenge zwischen Donau und Inn liegt die Altstadt mit dem Dom St. Stephan und der alten Bischofsresidenz.

Die Veste Oberhaus war die Trutzburg der Fürstbischöfe gegen die für die Selbstverwaltung kämpfende Bürgerschaft.

Weiterhin: Sammlung gotischer Tafelgemälde und Skulpturen, **Hans-Wimmer-Sammlung** des Bildhauers aus dem Rottal, **Böhmerwaldmuseum,** das Geschichte, Kultur- und Kunstgeschichte der Böhmerwälder dokumentiert.

Nikolakloster

Innaufwärts, dort wo die architektonisch schöne Eisenbahnbrücke Züge in die Stadt hinein entlässt, liegt das Nikolakloster. 1070 unter Bischof Altmann erbaut, ist es das Herzstück der 1978 gegründeten Universität (8000 Studenten). In der einstigen Stiftskirche ist die um 1075 errichtete Einsäulenkrypta unter dem Chor zu sehen sowie die Steinmadonna von 1430. 1806 beanspruchte die Armee Kaiser Napoleons den Klosterkomplex als Militärhospital.

Dom und Domplatz

Auf dem höchsten Punkt der Landzunge zwischen Donau und Inn erhebt sich der **St. Stephansdom,** die Mutterkirche des Donauostens, im 9. Jh. als »Vorwerk Roms gegen Byzanz« bezeichnet. Breit gelagert schließt das großartige Bauwerk mit imposanter barocker Westfassade den Domplatz ab. Vom romanischen Bau ist nicht mehr viel zu sehen. Zwei verheerende Stadtbrände 1662 und 1680 zerstörten den gotischen Nachfolgerbau. Italienische Baumeister, Maler und Stuckateure, reisten an. Der Dom wurde im Stil des italienischen Hochbarock wieder errichtet, ein barocker Dom mit gotischer Seele. Dieser Doppelcharakter ist auch im Innern erkennbar. Vergeistigung und Hochstreben der Gotik begegnet der erdenschweren, üppigen Lebendigkeit barocker Gestaltung. Die spätgotische Kathedrale mit der imposanten Vierungskuppel wurde um ein Langhaus ergänzt. Carlo Lurago integrierte den erhalten gebliebenen gotischen Ostchor meisterhaft in seinen barocken Neubau. 1707 wurde der gotische Vierungsturm zur barocken Kuppel umgebaut. Zu bestaunen sind Gewölbefresken, die figurengeschmückte Kanzel, der Kreuzgang mit alten Grabplatten und Kapellen und der moderne Hochaltar, der die Steinigung des hl. Stephanus darstellt. Der Besucher lässt den Blick von den unteren, nüchtern wirkenden Partien in die prunkvoll ausgeschmückten höheren Bereiche schweifen. Atlanten versinnbildlichen dort die Naturgewalten, Propheten deuten auf ihre Mahnworte und Sibyllen pflichten ihnen bei.

Die 12 Uhr-Orgelkonzerte

Um 12 Uhr beginnen die täglichen Konzerte auf der größten Kirchenorgel der Welt. Der Domorganist bringt die fünfteilige Anlage mit 231 Registern und 17 388 Pfeifen zum Erklingen. Die Klangfülle in der prunkvollen barocken Innenarchitektur überwältigt immer wieder neu.

Am Dienstag- und Freitagvormittag ist auf dem **Domplatz** Wochenmarkt. Erzeuger aus dem Bayerischen Wald, dem Donauland und dem Rottal bieten ihre Produkte an. An der Westseite des Platzes steht das **Lamberg-Palais.** Ursprünglich im Renaissance-Stil des 16. Jhs. erbaut, wurde es 1724 in ein spätbarockes Gewand gekleidet und ist heute Sitz des Bischöflichen Ordinariats.

Alte und Neue Residenz

Die Südseite des Doms entlang verläuft die Zengergasse, benannt nach einem alten Adelsgeschlecht, vorbei am romanischen Eingangstor zur Alten Residenz, in der heute das Landgericht residiert. Ein Torbogen entlässt den Fußgänger zum Residenzplatz, wo ihn ringsum barocke Pracht empfängt. Die bischöfliche Residenz und alte Patrizierhäuser mit stuckierten Fassaden künden von einstigem Reichtum. An der Südseite steht die 1730 vollendete Neue Residenz. Der im bayerischen Rokokostil erbaute **Treppenaufgang** gilt als einer der schönsten Deutschlands: die geschmeidigen, Laternen tragenden Puttengruppen aus Bleiguss und das Deckenfresko »Die Götter des Olymp huldigen dem unvergleichlichen Passau«, das 1768 Johann Georg Unruh schuf. Von dem Wiener Architekten Melchior Hefele stammt die monumentale Fassade,

Ein Höhepunkt des Passau-Besuchs ist um 12 Uhr das Orgelkonzert auf der größten Kirchenorgel der Welt im St. Stephansdom.

von Johann Baptist Modler sind die Stuckaturen.
Der Residenzplatz war das wirtschaftliche Zentrum, im Mittelalter der Marktplatz, erst 1492 mussten die Buden verschwinden, wurde der Platz zum Hofplatz der Fürstbischöfe. Der Brunnen in der Mitte des Residenzplatzes wurde 1903 zur Feier der 100-jährigen Zugehörigkeit zu Bayern gebaut. Drei Putten symbolisieren die drei Flüsse: der Engel mit dem Tirolerhut den Inn, der Donau-Engel trägt einen Ährenkranz und der Ilz-Engel ist perlengeschmückt – noch heute birgt der Fluss aus dem Bayerischen Wald Muscheln mit Süßwasserperlen. Die Patrona Bavariae, die Madonna, Schutzherrin Bayerns, krönt den Brunnen.

Das Rathaus

Die Schrottgasse hinunter erreicht man das Rathaus. Sein ältester Teil stammt von 1396. Während des 200-jährigen Kampfes der Bürger gegen die Fürstbischöfe wurde es dreimal begründet. Eine Darstellung am Nordportal erinnert an die blutigen Auseinandersetzungen, in denen das Rathaus als Symbol der kommunalen Mitverwaltung ertrotzt wurde. Am neugotischen Rathausturm von 1891 – der alte Turm wurde 1811 abgetragen – sind die historischen Hochwassermarken abzulesen (11,5 m im Jahr 1501). Im romanischen Ratskeller kann man gut bayerisch essen.

Niedernburg und Gisela-Grab

Zu den ältesten beständig besetzten Klöstern Bayerns gehört die ehemalige Abtei Niedernburg, um 750 gegründet. Maria-Ward-Schwestern leben heute hier. Die dreischiffige frühromanische Pfeilerbasilika steht auf den Fundamenten eines agilofingischen Baus. Schon im Jahr 450 stand hier eine frühchristliche Kirche. Der Grundriss blieb weitgehend unverändert. Der Bau der Heilig-Geist-Kirche stammt aus dem

13. Jh. In den alten Gemäuern ist u.a. ein für Südbayern einzigartiger Ciboriumaltar erhalten.

Dreiflüsserundfahrt

Einen Steinwurf vom Rathaus legt während der Saison alle halbe Stunde ein Schiff ab, das die »schwimmende Stadt« von den Flüssen aus präsentiert. Die Fahrt führt hinauf bis zur Schanzlbrücke und zum »liegenden Mann«, einem Hotel am Flussufer, das sich wie ein schlafender Mensch an der Donau hinstreckt. Dann geht es stromabwärts um die Ortsspitze herum innaufwärts bis zur Innbrücke und kurz auch Richtung Ilz zum Niederhaus.
Donauschiffahrt Wurm + Köck, Höllgasse 26, 94036 Passau, Tel. 0851-929292, Fax: -35518
E-mail: Info@donauschiffahrt.de

Mariahilf und Innstadt

In der Innstadt auf einem der sieben Passauer Hügel steht die 1627 erbaute Wallfahrtskirche Mariahilf mit dem Kapuzinerkloster (1612). Heute noch beten fromme Menschen die 321 Stufen der Wallfahrtsstiege vom Innufer hoch bis zur Kirche und erflehen die Hilfe der Muttergottes. In dem baulichen Kleinod finden heute Trauungen statt. Der Aussichtspunkt hinter der Wallfahrtskirche gibt den Blick auf das italienische Gesicht der Stadt frei, die »Passauer Riviera«. In der Innstadt lohnen u.a. ein Gang zum historischen Wehrgraben aus dem 13. Jh., zur Severinskirche, deren Ursprung spätromanisch ist, zum Severinstor aus dem Jahr 1408 oder in das Römermuseum Kastell Boiotro. Zahlreiche Wege führen von hier ins Österreichische. In gut einer Stunde – wer nicht in einer Mostwirtschaft einkehrt – wandert man nach Wernstein und nach Zwickledt, wo der Malerdichter Alfred Kubin lebte und heute sein Haus als Kunststätte an ihn erinnert. In die andere Richtung geht es nach Freinberg oder Hinding, wo beim Weinbeißer oder beim Blaas österreichische Gastlichkeit herrscht.

Durch die Altstadt zur Ortsspitze

Hinter dem Dom engt sich die Altstadt. Inn und Donau streben zueinander. In Mäandern kann der Besucher unter Schwibbögen hindurch die vielen Gassen zu den Flüssen hinab schlendern, überall Erker, stuckverzierte Fassaden, Fresken, geschnitzte Holztüren, Sonnenuhren. Galerien, Kunsthandwerker, Keramiker, Cafés und Wirtshäuser liegen am Weg. In der Pfaffengasse wohnten die Domherren, in der restaurierten romantischen Höllgasse, einst eine der vornehmsten Straßen, leben heute Kunsthandwerker.
Alle Wege nach Osten führen zur Ortsspitze, dem Zusammenfluss von Donau, Inn und Ilz. Die Landzunge geht in den Flüssen

auf. Rechts kommt das grüne, sandige Alpenwasser des Inn und trifft sich mit dem lehmdunklen, träger fließenden Wasser der Donau und ganz am linken Rand gibt moorschwarz die Ilz ihren Farbtupfer dazu.
Dicht gedrängt säumen Häuser in barockem Stil mit flachen Dächern das linke Innufer.
Der **Schaiblingsturm** ist ein stummer Zeuge aus der Zeit, in der Passau ein wichtiger Handelsplatz war. Um 1250 wurde der Turm als Bollwerk für die in seinem Schutz ankommenden Innschiffe gebaut.
Das klassizistische **Fürstbischöfliche Opernhaus** ist ein Juwel aus dem Rokoko, in dem jetzt das Südostbayerische Städtetheater spielt. Hinter dem Opernhaus führt eine steile Treppe zurück zum Dom.

ESSEN UND TRINKEN

Die Passauer Küche ist bäuerlich deftig. Bayerische, böhmische und österreichische Einflüsse vereinen sich in vielen Varianten. Sterne-Koch Gebhard Endl bietet im Restaurant des Hotels **»Zum Wilden Mann«** Passauer Spezialitäten. Dazu gehören Süßwasserfische wie Zander, Hecht, Aal oder Huchen, aber auch die ortstypischen Tellersulzen. Eine begehrte Süßspeise sind die »Passauer Schlosserbuam«, süße Kugeln

Der Dom St. Stephan, ursprünglich gotisch, wurde 1668-1693 von italienischen Meistern im Barockstil wieder aufgebaut.

Festspiele Europäische Wochen Passau

Die seit 1952 veranstalteten Festspiele waren nach 1945 die ersten, die sich dem Europagedanken verschrieben. Von Mitte Juni bis Ende Juli bietet der ostbayerische Kultursommer ein anspruchsvolles Programm: Opern, Oratorien, Chor- und Solokonzerte, Liederabende, Theaterstücke, Filme, Lesungen, Musicals, Vorträge an über 20 Schauplätzen: Klöstern, Burgen, Schlössern, Kirchen. Auch im Rottal, in Oberösterreich und in Südböhmen, in den Asamkirchen in Altenmarkt und Aldersbach, in Schloss Ortenburg, im Stift Engelszell oder in Schloss Krumau wird gespielt.
Festspiele Europäische Wochen. Intendant: Dr. Pankraz Freiherr von Freyberg, Dr. Hans-Kapfinger-Str. 22, 94032 Passau, Tel. 0851-560960, Fax -70994.
Internet: *www.passau.de*

aus Kartoffelteig mit Zwetschgenfüllung und Semmelbrösel. Wenn man Ihnen in Passau zum Frühstück »Aufgrissene« anbietet, greifen Sie zu, es sind typische Passauer Semmeln mit einer reschen, aufgerissenen Kruste. Und die Turner-Würstl sind schlanke, knackige und saftige Würste, denen Ignaz Thurner den Namen gab und die anderswo Wiener oder Frankfurter heißen. Da Passau im Kremser Weinanbaugebiet einen eigenen Weinberg besitzt, sollte man auch nach dem Stiftswein fragen. Zur Verdauung empfiehlt sich der »Dreiflüssegeist«. Diese Spezialitäten werden auch in der Heiliggeist-Stiftsschenke gereicht, im gemütlichen Keller, in dem am offenen Feuer gebraten wird, oder im Garten unter einer weinumrankten Laube.
Wer gepflegt tafeln möchte: Sternekoch Richard Kerscher verwöhnt im **»Passauer Wolf«** Rindermarkt 6-8 am Donauufer seine Gäste. Tel. 0851-9315110.

Biergärten

In einem Park mit schönem altem Baumbestand liegt der Hacklberger Biergarten unweit der Hacklberger Brauerei, die dem Bischof gehört und früher Bestandteil der großzügigen Schlossanlagen des baufreudigen Fürstbischofs Joseph Franz von Auersperg war. Er ließ von 1783 bis 1795 ein Lustschloss und Schloss Freudenhain errichten und einen großen Park anlegen.
Sehr schön sind auch der Biergarten beim Weinbeißer im oberösterreichischen Freinberg, wo man eine wunderschöne Sicht hinunter auf Passau hat, oder die Terrasse beim Andorfer auf der Ries. Hier wird ein besonders süffiges Weißbier in Familientradition gebraut. Mitten in der Stadt am

Ludwigsplatz, unweit der Fußgängerzone, lässt es sich unter alten Kastanien im Garten des »Bayerischen Löwen« wohl sein.

FESTE, FEIERN, UNTERHALTUNG

Passau feiert zwei Volksfeste, die Mai- und die Herbstdult. Jeweils eine Woche Anfang Mai und die letzte Septemberwoche wird der Exerzierplatz zum Dultplatz, vergnügen sich jung und alt in Bierzelten oder Fahrgeschäften. Lange Tradition hat das Ilzer Haferlfest an einem Juliwochenende. Die Straßen sind für den Verkehr gesperrt und werden zum Ort von Spiel, Spaß und Geselligkeit bei Speis und Trank. Über weitere Feste im Jahreslauf – die Burgfeste auf dem Oberhaus oder Zeltfeste an der Ortsspitze – informiert die

Tourismusinformation

- Rathausplatz 3, 94032 Passau, Tel. 0851-955980, Fax 0851-35107, Öffnungszeiten: Ostern bis Mitte Okt. Mo-Fr 8.30-18 Uhr, Sa, So + Feiertage 10-14 Uhr. Mitte Okt. bis Ostern Mo-Fr 8.30-17 Uhr, Fr 8.30-16 Uhr, Sa, So + Feiertage geschl.
- Bahnhofstraße 36, 94032 Passau, Tel. 0851-955980, Fax 0851-57298, Öffnungszeiten: Ostern bis Mitte Okt. Mo-Fr 9-17 Uhr, Sa, So+Feiertage 10-14 Uhr. Mitte Okt. bis Ostern Mo-Do 9-17 Uhr, Fr 9-16 Uhr, Sa, So + Fei geschlossen.

KULTURELLES IN PASSAU

Passauer Stadttheater

Gottfried-Schäffer-Str. 2-4, 94032 Passau, Tel. 0851-9291913 oder -9291910
Internet: www.suedostbayerisches-staedtetheater.de
Theaterkasse an der Innbrücke Di-Fr 10-12.30 und 16-17.30. Übers Jahr bespielt das Südostbayerische Städtetheater das Fürstbischöfliche Opernhaus. Das Anfang der 90er Jahre restaurierte Haus ist ein Kleinod bayerischer Theaterarchitektur.

Passauer Glasmuseum

Am Rathausplatz, 94032 Passau, Tel. 0851-35071, Fax -31712. In der Hauptsaison täglich von 10-16 Uhr, in der Vor- und Nachsaison von 13-16 Uhr geöffnet. Das Hotel »Wilder Mann« neben dem Rathaus beherbergt die Glassammlung der Familie Höltl, über 30 000 Stücke aus 150 Jahren bayerisch-böhmischer Glasgeschichte. Darüber hinaus präsentiert das Museum 2000 Kochbücher und Passauer Porzellan.

Scharfrichterhaus

In dem Gebäude links neben dem Rathaus, das vom 12. bis 14. Jh. Gefängnis mit Hinrichtungsstätte war, fühlen sich Kabarettisten, Literaten, Musiker und Künstler wohl. Bruno Jonas, Siegfried Zimmerschied oder Otfried Fischer hatten hier ihre ersten Auftritte.

Im Herbst- bzw. Frühjahr liegen die Schwerpunkte auf Kabarett und Jazz. Das Kino bietet Autorenfilme, Filmklassiker, experimentelle und fremdsprachige Filme. Im Scharfrichterhaus kann man gut essen (tägl. ab 12 Uhr). Milchgasse 2, 94032 Passau, Tel. 0851-35900, Fax -2635
Internet: www.scharfrichterhaus.de

Museum Moderner Kunst – Stiftung Wörlen

Bräugasse 17, 94032 Passau, Tel. 0851-3838790, Fax -38387979
E-mail: mmk@inet-nb.de
Di-So 10-18 Uhr, Do bis 20 Uhr, Führungen Do 18 Uhr.
In einem der schönsten Altstadthäuser an der Donau zeigt das Museum Moderner Kunst Höhepunkte des zeitgenössischen Kunstschaffens von der klassischen Moderne bis zur Gegenwartskunst. Das Museum wurde 1990 von Hanns Egon Wörlen als Stiftung eröffnet. Die über 60 Ausstellungen sahen Besucher aus ganz Deutschland und Europa.

Domschatz- Diözesanmuseum

Residenzplatz 8, 94032 Passau, Tel. 0851-393374, Fax -393840. Geöffnet von Di nach Ostern bis Okt. Mo-Sa 10-16 Uhr.
Im Saalbau, dem Verbindungsglied zwischen Passauer Dom und fürstbischöflicher Residenz, werden die religiösen Kunstschätze gezeigt. Dazu gehören Tafelbilder, Gemälde, Plastiken und Reliefs, Paramente und liturgische Geräte. In den Rundgang ist auch der barock ausgestaltete Saal der Hofbibliothek mit Fresken von Johann Carlone (1694) einbezogen.

Römermuseum Kastell Boiotro

Lederergasse 43, 94032 Passau, Tel. 0851-34769, März bis Nov. Di-So 10-12, 14-16 Uhr, von Juni bis Aug. 10-12 u. 13-16 Uhr.
Das Museum auf den Fundamenten des spätrömischen Kastells Boiotro zeigt Modelle des Kastells, Funde aus der Vor- und Frühgeschichte des Passauer Raums, Zeugnisse der Römer.

Treppenaufgang der bischöflichen Residenz, ein Meisterwerk des bayerischen Rokoko.

Altötting

Die Schutzmantelmadonna von Altötting gilt neben Lourdes, Loreto, Fatima und Czestochowa als bedeutendstes Heiligtum des katholischen Glaubens in Europa. Wallfahrtszeit ist Ostern bis Ende Oktober und im Advent mit Christkindlmarkt.

Ötting war früher wohl Kultplatz oder Gerichtssitz, an dem frühe Missionare ein Taufhaus errichteten. Unter den Agilolfingern stieg Ötting zur *villa publica* auf, unter den Karolingern zur Königspfalz. Darauf geht die »Hofdult« zurück.

Der **Kapellplatz** in der Stadtmitte ist von Kirchen, ehemaligen Chorherrenstiftsgebäuden und dem Rathaus umgeben. Davor die Andenkenläden mit Kerzen, Krippen und Heiligenfiguren, Putten, Ikonen, Schmuck und Büchern.

Die **Stiftskirche** mit Kreuzgang von 1511 (Südseite des Platzes) beherbergt die berühmte Schatzkammer. Zu den Kleinodien zählen das »Füllkreuz« mit Miniaturen auf Lapislazuli (1580) und das »Goldene Rössl«, ein Meisterwerk französischer Goldschmiedekunst von 1404.

Ziel der Pilger ist auch die **Klosterkirche Sankt Konrad** mit dem Reliquienschrein des 1934 heilig

Prozession um den Kapellplatz auf einer historischen Postkarte.

Gesprochenen, der aus Parzham im Rottal stammt und über Jahrzehnte den Dienst an der Klosterpforte verrichtete.
Votivtafeln an den Wänden der Gnadenkapelle zeugen von Fürbitte und Dank für ein erhörtes Gebet. Die bemerkenswerteste Weihegabe im Innern ist der »Silberprinz«, das Bildnis des zehnjährigen Kurprinzen Max III. Joseph, der von schwerer Krankheit genesen war.
Wer adeligen Geschlechts war, wollte damals auch im Tod dem Heiligtum nahe sein. Man behalf sich, indem man wenigstens das Herz, in Silber gefasst, in einem Geheimfach deponieren ließ. Die Herzen von zehn bayerischen Regenten, elf blaublütiger Frauen und von fünf Bischöfen sollen in der Kapelle beigesetzt sein.
Bildnisse der Anna selbdritt und der Pietà leiten zum spätromanischen Portal. Ein in Silber getriebener Stammbaum Jesu flankiert die Nische mit dem Gnadenbild, oberhalb der gekrönten Maria mit dem Kind die Dreifaltigkeit.
Das Madonnenbildnis wird auf 1330 datiert und ist oberrheinisch-burgundischer Herkunft.
Wallfahrts- und Heimatmuseum am Kapellplatz, Di-Fr 14-16 Uhr, Sa 10-16 Uhr, So 10-12 und 13-15 Uhr.
Orgelkonzerte u.a. in der Basilika Sankt Anna, Mai bis Okt. So 14.30 Uhr.
Marienfilme (10 und 11 Uhr), Bruder Konrads Leben im Film (12 Uhr), Dioramenschau und Mechanische Krippe im »Panorama«.
Altöttinger Hofdult auf dem Dultplatz ab Samstag nach Pfingsten für zehn Tage.
Größte **Lichterprozession** am Kapellplatz am 14. Aug., im Anschluss an den Pontifikalgottesdienst 20 Uhr.
Christkindlmarkt rund um die Kapelle Fr vor dem 1. Advent bis Mo nach dem 3. Advent.
Einkehren und übernachten kann man in nächster Umgebung des Kapellplatzes, z.B.:
Hotel zur Post (4 Sterne), Tel. 08671-6214; ⌂⌂ / ⌂⌂⌂
Hotel Plankl mit Garten und Gästehaus (4 Sterne), Tel. 08671-6522; ⌂⌂
Die Zwölf Apostel mit Fahrradverleih (3 Sterne), Tel. 08671-96960; ⌂⌂
Der Andechser im Schex, altbayerisches Gasthaus, **»Zeitsprung«** für junge Leute.
Am Ortsrand:
Weißbräu Graming mit Gastgarten und Brauerei, Tel. 08671-96140; ⌂ / ⌂⌂
Gasthof Alte Post, Mühldorferstr. 17, Tel. 08671-13677; ⌂
Preiswerte Privatunterkünfte, Übernachtung für Jugendliche:
Verkehrsbüro 84503 Altötting, Kapellplatz, Tel. 08671-8068-69.
Internet: www.altoetting.de

Burghausen

Die längste Burganlage Europas und international renommierter Jazz-Treffpunkt – seit die Wacker-Chemie in dieser Stadt die Moderne etablierte, fährt sie zweigleisig, erweckt historische Gärten zum Leben und überdacht die Neustadt mit Glas. Burghausen, eine Stadt, für die ein Wochenende einzuplanen nicht zu viel ist.

Schon 1025 wird Burghausen als Reichshof erwähnt. Frühe Karriere als Salzhandelsstadt, Gerichtssitz und Rentamt (Finanzamt). Der Burggrat gefiel nach 1400 dem Vizedom des Herzogs so gut, dass er das Rottal verließ und hier Quartier bezog. Der Blick geht im Osten auf die Altstadt, das Salzachufer und die Steilhänge von Österreich (einst Bayern), westwärts zum Wöhrsee, bei günstigem Wetter bis zum Watzmann – Alpenpanorama aus den Fenstern der Kemenate, heute Stadtmuseum und wie die Gemäldesammlungen in der »inneren Burg« untergebracht. Im 15. Jh. hatten die Reichen Herzöge von Landshut, unter ihnen Georg und seine polnische Gemahlin Hedwig, die Burg erweitert. Mehrere Einzelburgen, jeweils durch Graben und Brücke getrennt, ergeben das mächtige Gesamtgefüge.

Blick vom österreichischen Ufer der Salzach auf die Stadt und die 1000 m lange Burganlage.

Bestechend schöne Hausfassade: das Tauffkirchen-Palais mit Allianz-Wappen zweier gräflicher Familien am Stadtplatz.

Das historische Burgfest im Juli erinnert an Zeiten, als die Festung Raum für 100 Pferde, Reitknechte, Kammerdiener, Werkstätten, Vorratsräume und Schatzkammer bot, nicht zu vergessen die Munitionslager, das Verlies, die Folterkammer. Im gotischen Rittersaalgewölbe, der »Dürnitz«, finden im Schein Hunderter von Kerzen Konzerte und Feiern statt.
Fern die Zeiten, da die Burg auch Verbannungsort war. Die Ehe von Georg dem Reichen und seiner polnischen Frau Hedwig, 1475 in Landshut prunkvoll gefeiert, blieb ohne männlichen Nachfolger.
Alle Söhne starben im Kindesalter. Hedwig lebte offenbar auf der Burgfeste an der Salzach ein angenehmes Leben, das Dekret, das besagte: »Wer unbefugt im Burghof angetroffen wird, dem sind unwendlich beide Ohren abzuschneiden«, betraf sie ja nicht. Ein blutiger Krieg musste über die Nachfolge Georgs entscheiden.
Die historischen Gärten rings um die Vorwerke erstehen zur Zeit wieder, ebenso der Obstgarten um die Hedwig-Kapelle und es wird sich – dank Rückzüchtung – um Äpfel und Birnen handeln, wie sie sich einst Hedwig mit ihren Gefährtinnen schmecken ließ.
Was die Altstadt unterhalb der Burg so anziehend macht, ist das Flair der am Salzachufer restaurierten italienischen Fassaden, sind unverhoffte Blickwinkel zur Feste hinauf, sind romantische, verträumte Gassen. Sofern nicht gerade Jazztrompeter durch die engen Grüben ziehen und junge Leute sich bis nachts in den »Fuchsstuben« tummeln, ist alles noch wie früher.
Kunst genießt einen hohen Stellenwert in Burghausen: Dafür sorgen die Theaterakademie in der Burg, eine Galerie im Turm, Klassik ebenso wie Funk, Bossa Nova, Chicago Blues, Literatur live …
Fast bis zur Burghöhe ragt der Zwiebelturm der spätgotischen **Pfarrkirche Sankt Jakob** auf.
Blickfang am Stadtplatz ist das ehemalige churbayerische Regie-

Südliches Flair: Kaffeeplausch vor der 400 Jahre alten Stadtapotheke.

rungsgebäude mit Wappen und drei Türmchen, dessen Fassade um 1750 entstand. Die Räume dienen als Theater- und Konzertsaal, für Bibliothek und Kongresse. Das **Rathaus** der Kirche schräg gegenüber besticht durch gotische Kreuzgewölbe. Patrizierhäuser der Inn-Salzach-Bauweise schmücken den Stadtplatz wie die 400 Jahre alte Apotheke oder das **Tauffkirchen-Palais** mit Rokokofassade. Das humanistische Gymnasium an der nördlichen Seitengasse Richtung Salzach-Ufer und Plätten-Anleger war einst Schulgebäude der Jesuiten. Unterhalb der Kirche geht es in die **»Grüben«,** die beliebte Fußgängerzone mit Spezialgeschäften, und schon sind wir im Bereich des **Mautner-Schlosses** (heute Seminarstätte) und des **Kapuzinerklosters,** jetzt die Jugendherberge. Wenige Schritte weiter öffnet sich die Rückseite der Burgbefestigung zum Wöhrsee. Mehrere Zugänge führen zur Burg: von der Neustadt (Parkplätze Burgeingang), von der Altstadt (Tiefgarage) oder durch den Wald vom Wöhrsee herauf.

Welch ein Gegensatz zur gar nicht weit entfernten Neustadt mit dem Fontänen-bewehrten Bürgerplatz, einem Paar in Stahl, mit Skatebahn und den gläsernen Überdachungen der Bürgersteige in der Robert-Koch-Einkaufsstraße (zweigt von der Hauptdurchgangsstraße, der Marktlerstraße ab). Der Rat der Stadt spricht von »neuzeitlichen Experimentalräumen« als Gegengewicht zur Altstadt und dem 1034 m langen Burgenkomplex. Parkanlagen sind

geplant, die bald das eine mit dem andern verbinden.
Gäste führt der Burghauser gern auch zur **Heilig-Kreuz-Kirche** im Süden der Stadt und weiter auf der B 20 (Richtung Freilassing) zur Rokokokirche Marienberg und zum einstigen Zisterzienserkloster von **Raitenhaslach** mit reich ausgeschmückter Barockkirche und großem Biergarten.

AUS DEM FESTKALENDER

Internationale Jazzwoche im Mai, Auskunft 08677-1411
Mai-Wies'n, großes Volksfest um Christi Himmelfahrt
Burgfest mit Ritterspielen, historischem Markt, Armbrustschießen für Kinder, 2. Juli-Wochenende
Nachtmarkt in der Altstadt, 4. Juli-Wochenende; Flohmärkte, Konzert und Schauspiel, Kleinkunst und Literatur live, Auskunft 08677-2435 (Verkehrsamt)

MUSEEN

Stadtmuseum mit Waffensammlung und Vogel-/Schmetterlingsschau, innere Burg: 15.3.-30.4. von 10-16.30 Uhr, 1.5.-30.9. von 9-18.30 Uhr, 1.10.-1.11. von 10-16.30 Uhr.
Staatl. Gemäldesammlung innere Burg: 1.4.-31.10. von 9-17 Uhr, 2.11.-31.1. von 9-16 Uhr.
Verlies und Folterturm im 4. Burghof: 20.3.-31.10. von 9-18 Uhr, 1.11.-19.3. nur Sa/So und an Feiertagen.
Haus der Fotografie (Bild und Technik, Weltraum, künstlerische Fotografie) Burgeingang: 1.4.-31.10. Mi-So 10-18 Uhr
Kunst im Liebenweinturm (seitl. des Uhrturms) meist nachmittags

SONSTIGES

Burgführungen in der Saison 11 und 14 Uhr ab Souvenirladen/Burgeingang.
Plättenfahrten vom Anleger an der Salzach nach Marienberg/Tittmoning, Mai bis Sept. Sa Plätte/Bus, Auskunft 08677-2435.
Sport (Tennis, Leichtathletik, Judo, Radeln, Schwimmen), Auskunft Jugendherberge 08677-4187.

GASTLICHKEIT

Hotel Glöcklhofer (3 Sterne) Burgeinfahrt, Zimmer/Suiten, Tel. 08677-96170;
Reisingers Bayerische Alm (3 Sterne) Robert-Koch-Straße, westl. Stadtrand, 08677-9820;
Hotel Post am Stadtplatz, prämierte Küche, Tel. 08677-9650;
Pension Kaffeemühle Nähe Wöhrsee, Café/Bistro/Zimmer Tel. 08677-61965;
Jugendherberge Kapuzinergasse Tel. 08677-4187
Weinstuben am Hofberg, Stadtplatz, abends geöffnet
Fuchsstuben in den Grüben, nachmittags/abends
Haus der Naturfreunde und weitere Gaststätten mit Burgblick auf österreichischer Seite.

Radwanderungen

Das Rottal ist kein typisches Radlerland. Noch nicht. Es hat die besten Voraussetzungen: die noch weitgehend intakte Kulturlandschaft, zahlreiche Kleinode zur Besichtigung, Wirtshäuser zur Einkehr sowie Tourenangebote für jede Konditionsstufe. Der Autor Josef Mayerhofer hat ein Buch über die schönsten Radwege zwischen Isar, Inn und Donau verfasst.

Eine große Hilfe ist die Bahn. Durch das Gebiet verlaufen mehrere Strecken aus dem Linienstern Mühldorf: Mühldorf–Passau (Rottalbahn), Mühldorf–Simbach, Mühldorf–Burghausen. Bis auf wenige Ausnahmen darf man das Fahrrad in den Zügen kostenlos mitnehmen. Die Rottalbahn fährt mit idealer Reisegeschwindigkeit durch die schönsten Gegenden des Hügellandes. Man kann so den größten Teil des Rottals und auch den Klosterwinkel südlich von Passau mit Rad und Bahn kombiniert besichtigen.

Mit Kindern sollte man nicht länger als 15 bis 20 km planen sowie eine ebene Streckenführung auf eigenständigen Radwegen, möglichst ohne Autoverkehr wählen. Also bleibt man mit den Kleinen in den Fluss- und Bachtälern und

Der Rottalradweg in der Flussebene eignet sich gut für Familientouren.

meidet das Hügelland. Radfahren soll in erster Linie Spaß machen. Das Wichtigste für die kleinen Radler sind Etappenziele und Tourenunterbrechungen: Baden, Turnübungen an Trimmgeräten, Erlebnisse in der Natur und mit Tieren. Vor allem ein ausgiebiges Picknick mit viel Süßem. Hier eine Auswahl eingeführter und neuer Routen in der Ferienregion Rottaler Bäderdreieck.

Der **Rottal-Radweg** (Länge ca. 87 km, leicht)
Pflichtprogramm für alle, die zum ersten Mal die Region beradeln. Von Neumarkt-St. Veit bis Schärding misst er 90 km. Mit Ausnahme eines Teilstücks bei Neumarkt-St. Veit verläuft er flach im Tal. Sehr gut geeignet für Familientouren ist das Teilstück von Eggenfelden bis Brombach/Anzenkirchen/Triftern (20-25 km).

Der **Naturerlebnis-Radweg/Inntal-Radweg** (Länge in der Region ca. 70 km, leicht)
Der bekannteste Radweg im Westen des Rottals. Von Passau bis Simbach/Braunau bzw. weiter nach Altötting und Mühldorf bis nach Rosenheim. Der Naturerlebnis-Radweg als Teil des Inntal-Radwegs erstreckt sich entlang des Naturschutzgebiets Europareservat Unterer Inn von Bad Füssing/Obernberg bis Simbach/Braunau. Die Routen verlaufen beidseitig entlang des Inn. Auf bayerischer Seite führt der Radweg meist auf dem Hochwasserdamm, auf oberösterreichischer Seite oft auf Nebenstraßen in der Kulturlandschaft. Braunau hat ein »Fahrradterminal«, wo man sich auf Waschanlagen, Schließfächer und eine Tourist-Information freuen darf.

Der Römer-Radweg (ca. 40 km in der Region, leicht)
Ein gut mit Informationstafeln ausgestatteter Radweg, der erst 1999 fertiggestellt wurde. Auf der Trasse des Inntal-Radwegs verläuft er bis Neuhaus, dann auf dem Rottal-Radweg bis Pocking und weiter über Bad Füssing nach Ering. Von dort wechselt er nach Österreich und führt über Altheim und den Kobernaußer Wald bis zum Attersee. Auf bayerischer Seite erfreulich flach und bis Pocking auch für Kinder geeignet.

Radweg »Gotik on Tour« (Länge und Schwierigkeit je nach Etappe unterschiedlich).
Dieses Radwegekonzept zieht sich über das gesamte Rottaler Hügelland mit dem Anspruch, möglichst viele gotische Kirchen und Bauwerke zu erradeln. Nicht immer radlerfreundliche Streckenabschnitte, da einzelne Teilstrecken auch auf stärker befahrenen Hauptstraßen zu radeln sind. Tourenziel sind eben die

gotischen Bauwerke und die liegen nicht immer entlang einladender Radwege. Die Route verläuft wie ein vierblättriges Kleeblatt kreuz und quer durch die Region. Wer die vier Kleeblätter der Gotik on Tour gefahren ist, weiß nicht nur bestens über diese Epoche Bescheid, sondern kann sich getrost zu den Routiniers unter den Rottal-Radlern zählen. Ein oder zwei Wochen sollte man dafür aber schon einplanen. Mit Kindern sind nicht alle Touren zu empfehlen.

Der **Vilstal-Radweg** (ca. 85 km von Vilsbiburg bis Vilshofen; leicht). Wie der Inntal-Radweg das Rottal im Süden und Osten umfährt, so rahmt der Vilstal-Radweg das Gebiet im Norden. Besonders schöne Streckenabschnitte bietet die Tour auf den ersten 35 km bis Reisbach/Mettenhausen sowie vor allem auf den letzten 15 km zwischen Galgweis und Vilshofen; dieses Teilstück ist auch gut für Kinder geeignet; Abstecher nach Aldersbach zum Kloster und zur Klosterkirche einplanen!

Der **Altbachtal-Radweg** von Brombach/Anzenkirchen nach Triftern (ca. 7-8 km).
Einer der schönsten Radwege der Region, wenn auch relativ kurz. Der Altbach ist zwar nur ein Bach, dafür verläuft die Strecke intim und romantisch auf sehr ruhigen Nebenstraßen in dörflich-bäuerlicher Umgebung durch zauberhafte kleine Ortschaften wie Loderham und Lengsham, bis man in Triftern auf das Freibad trifft. Eine äußerst idyllische und erholsame Radltour, die auch ideal mit Kindern zu fahren ist.

Ausgewählte Einzeltouren

Der Rottal-Radweg von Neumarkt-St. Veit bis Neuhaus am Inn/Schärding

Wer am Vormittag startet, sollte flussaufwärts radeln, nachmittags dann möglichst in der Gegenrichtung. So hat man die Sonne im Rücken und nicht im Gesicht. Wenn starker Wind weht, wird die Sonne zweitrangig. Dann fährt man immer so, dass der Wind von hinten kommt. Für den Rückweg steht die Bahn zur Verfügung.
1. Teilstück:
Neumarkt-St. Veit bis Massing (ca. 12 km):
Nach der Klosteranlage St. Veit folgt auf der Hauptstraße ein längerer Anstieg zur bewaldeten Kuppe. Damit wurde der einzige Berg des gesamten Radwegs gleich am Anfang gemeistert! Bis Hörbering geht es dann meist auf Kieswegen bergab. Von dort radelt man auf flachen Kies- und Asphaltbahnen hin und her entlang

der Rott bis nach Massing. Dieser Abschnitt ist dann auch mit Kindern zu empfehlen.
Bahnanschluss: Neumarkt-St. Veit und Massing.
Sehenswürdigkeiten: Klosteranlage St. Veit; Freilichtmuseum und Berta-Hummel-Museum in Massing; Marktplatz in Massing;
Radwegeverbindungen: ab Neumarkt über Vilsbiburg (Rott-Vils-Radweg) nach Landshut (Vils-Isar-Radweg), insgesamt ca. 50 km. Oder über Niedertaufkirchen nach Neuötting/Inntalradweg (ca. 27 km);

2. Teilstück:
Massing bis Eggenfelden
(ca. 15 km):
Bis Oberdietfurt führt die Tour auf Kieswegen entlang der kanalisierten Rott. Eine ruhige, aber unspektakuläre Strecke, es sei denn, man wagt gleich nach Massing den Abstecher zur sehenswerten Barockkirche Anzenberg. Anschließend führt die Route auf einer Kreisstraße durch eine Vielzahl kleiner Dörfer nach Eggenfelden. Hier breitet sich eine authentische Rottaler Kulturlandschaft aus: Im Talgrund die Wiesen, oberhalb der Überschwemmungslinie die Siedlungen und auf den flachen, lößreichen Hängen

Radwandern muss Spaß machen. Dazu gehört ein ausgiebiges Picknick zur Stärkung mit viel Süßem für die Kleinen.

Ackernutzung. Ganz oben auf den Kuppenlagen Wald. In Eggenfelden warten mehrere Neustifter-Brunnen darauf, besichtigt zu werden. Auch der Besuch der spätgotischen Hallenkirche St. Nikolaus und Stephan ist lohnenswert. Nicht zu vergessen die ehemalige Hofmark Gern, die zum Kulturzentrum ausgebaut wird. Und noch eine Besonderheit: In Eggenfelden gibt es gleich zwei Bahnstationen: die »eigentliche« im Westen und die von Gern/Altenburg im Osten!
Bahnanschluss: Massing und Eggenfelden
Sehenswürdigkeiten: Barockkirche Anzenberg mit Rokoko-Altar, Pfarrkirche Unterdietfurt, Flugplatz Dietraching, Altstadt Eggenfelden und die ehemalige Hofmark Gern;
Radwegeverbindungen: Rott-Inn-

Radweg ab Eggenfelden über Mitterskirchen und Arbing nach Neuötting zum Inntal-Radweg (ca. 20 km);

3. Teilstück: Eggenfelden bis Pfarrkirchen (ca. 16 km):
Ein sehr reizvoller Abschnitt auf meist eigenständigen Radwegen durch die naturnahe Flusslandschaft. Die Route führt direkt vorbei an Altwasser der Rott mit gelb blühenden Teichrosen. Nach Linden folgt das beliebteste Naherholungsgebiet des Rottals mit einer parkartig gestalteten Flusslandschaft um den Rottauensee Postmünster. Dort gilt es zu wählen zwischen Bootfahren, Baden, Minigolf, Inline-Skaten, Joggen, Tennis, Golf, Segelfliegen und natürlich Radfahren. Man kann sich aber auch einfach faul in die Wiese legen und ein Nickerchen machen. Insgesamt sehr abwechslungsreich und kurzweilig, daher eine ideale Familientour. In Pfarrkirchen wartet als erstes das Freibad. Bald darauf geht es an der ältesten Trabrennbahn Bayerns aus dem Jahr 1896 vorbei. Die Stadt lockt mit ihrer einzigartigen Ringallee, dem schönen Stadtplatz und der Wallfahrtskirche Gartlberg hoch droben. Auch gibt es hier einige bezaubernde Biergärten.
Bahnverbindungen: Eggenfelden, Hebertsfelden/Linden, Pfarrkirchen.
Sehenswürdigkeiten: Rottauensee, in Pfarrkirchen die Rennbahn, die Altstadt innerhalb der Ringallee und die Barockkirche Gartlberg;
Radwegeverbindungen: keine

4. Teilstück: Pfarrkirchen bis Bad Birnbach (ca. 12 km):
Bis nach Brombach gelangt man auf sehr idyllischer Route durch die beeindruckende Lindenallee (Naturdenkmal) und anschließend durch die Stille der Wiesenbrüterlandschaft. Sehr gut geeignet für Kinder. Nach Brombach verläuft der Radweg aber entlang der viel befahrenen Bundesstraße 388. Für ein genussreiches Fahrerlebnis taugt diese Strecke nicht. Bad Birnbach wird voll und ganz vom

Der Rottalradweg ab Eggenfelden begleitet den natürlichen Flusslauf der Rott mit schönen Auengebieten.

Thermalbetrieb bestimmt und Geschäfte sowie Gastronomie haben sich auch darauf eingestellt.
Bahnverbindungen: Pfarrkirchen, Anzenkirchen, Schwaibach/Bad Birnbach
Radwegeverbindungen: ab Anzenkirchen Anschluss an den Altbachtal-Radweg nach Triftern

5. Teilstück: Bad Birnbach bis Pocking (ca. 21 km):
Hier ist man gezwungen, auf straßenbegleitendem, lautem Radweg und oft langweiliger Strecke entlang der Bundesstraße 388 zu radeln. Erst nach Poigham wird die Route wieder interessanter, dort führt der Weg durch eine grüne Flusslandschaft und an einem großen, eingewachsenen Weiher vorbei. Auch eine 20 000 Jahre alte Mooreiche ist dort zu sehen. Mit Kindern ist diese Teilstrecke weniger zu empfehlen.

6. Teilstück: Pocking bis Neuhaus/Schärding (ca. 18-19 km):
Beginnend mit abwechslungsreicher Strecke auf gekiesten Radwegen durch die offene Flusslandschaft folgt in Ruhstorf der Abstecher zur Siebenschläferkirche nach Rotthof hoch. In aussichtsreicher Lage genießt man von dort weite Blicke über das Rottal und das Innviertel. Die Kirche selbst ist ein seltenes Kleinod (s. o. S. 152): Gleich unterhalb der Kirche wurde ein Rastplatz eingerichtet, bei dem auch an eine Kinderspielecke gedacht wurde.
Nach Ruhstorf führt der Radweg zunächst entlang der Rott, bald schwenkt er aber in die offene Feldflur und in die Nähe von Schnellstraßen. Nach Mittich nimmt man wieder Kontakt mit der Rott auf und fährt dann über die überdachte hölzerne Rottbrücke. Gleich danach wäre linkerhand eine Bademöglichkeit am Badesee Neuhaus (Kiesweiher). Bald geht es über die Innbrücke und die Blicke reichen links bis zum Schloss Neuhaus und rechts bis zur Rottmündung. Geradeaus liegt die beeindruckende Uferpromenade von Schärding. Die Stadt wurde im Stil der Innstadt-Architektur errichtet. Ein Muss ist der Stopp beim Wassertor, wo die verheerendsten Hochwasserstände der letzten Jahrhunderte markiert sind.
Bahnanschluss: Pocking, Ruhstorf, Schärding;
Sehenswürdigkeiten: Siebenschläferkirche Rotthof, hölzerne Rottbrücke bei Neuhaus, Altstadt Schärding;
Radwegeverbindungen: ab Pocking Anschluss zum Römerradweg Richtung Passau oder Attersee; ab Neuhaus zum Inntalradweg Richtung Passau oder Simbach/Braunau; ab Schärding zum Sauwaldweg, zum Pramtalweg und zum Naturerlebnisweg.

Der »Naturerlebnisweg« in die Altwasser bei Reichersberg führt über eine Holzbrücke.

Fünf Rundtouren entlang der Rott

Als ideale Ergänzung zum geradlinigen Rottal-Radweg bieten sich Ausflüge ins umgebende Hügelland an. Vier handverlesene Rundtouren haben wir an den Rottal-Radweg angehängt. Alle Touren sind leicht von einer der vielen Haltestellen der Rottalbahn zu erreichen. Natürlich muss man dabei einige kleinere oder auch größere Berge erklimmen.

Tour 1: Bad Füssing-Rundtour:
Länge: ca. 30 km
Schwierigkeitsgrad: leicht
Die Tour verläuft dort, wo das Rottal auf das Inntal trifft. Die Wege sind meist flach, nur ein leichter Anstieg nach dem Ort Eggersham ist zu bewältigen. Hinter einem großen Schuppen ca. 400 m westlich des Bahnhofs Pocking quert man nach rechts die Gleise und bleibt stets geradeaus, bis man nach ca. 600 m auf den Rottalradweg trifft. Dort geht es links bis zu einer Einmündung an einem schön eingewachsenen Baggersee und hier wieder links nach Eggersham. Nach der Querung der Bundesstraße folgt ein kleiner Anstieg und flugs radelt man in einer erlebnisreichen Kulturlandschaft mit reizvollen Ausblicken ins Rottaler Hügelland. In Schönburg sitzt auf einer Anhöhe ein geschmackvoll renoviertes Schloss (Privatbesitz). Auf aussichtsreicher Höhenlage und verkehrsarmer Strecke erreicht man Tutting, wo sie die B 12 quert. Auf ebenen Nebenstraßen radelt man teilweise entlang von Baumreihen nach Bad Füssing. Alle, die das Thermenviertel noch nicht kennen, sollten sich ein paar Stunden dafür Zeit nehmen. Über die Schillerstraße geht es schnurgerade aus dem Kurort wieder hinaus, stets geradeaus. Nun breitet sich die weite Ebene der Pockinger Heide aus und es geht gemütlich durch stimmungsvolle Orte wie Zwicklarn und Haidzing nach Pocking zurück.

Tour 2: Die Bayerbach-Kößlarn-Reib
Länge: ca. 18 km
Schwierigkeitsgrad: mittelschwer
Frisch gewagt ist halb gewonnen, und kaum dass man sich's versieht, ist man auch schon oben bei der bezaubernden Barockkirche Langwinkl (S.123). Ihre Alleinlage macht sie zu einem Wahrzeichen in der Kulturlandschaft. Nach steiler Abfahrt folgt nach Thanham wieder ein sanfter Anstieg, später wird es auch steiler. Bei Griesingsreith liegt der Hochpunkt und bald erblickt man schon die Dachlandschaft von Kößlarn. Die mittelalterliche Wehrkirche war einmal eine der bedeutendsten Wallfahrtskirchen der Region (s.o.). Auch das Ortsbild ist noch sehr ursprünglich.
Die 3 km bis Kühbach verlaufen auf der Kreisstraße entlang dem Kößlarner Bach. Dann fährt man nach links den Berg hinauf und auf der drüberen Seite über Riedhof wieder hinunter nach Asbach, das stolz auf einer Anhöhe thront. In der ehemaligen Klosteranlage wurde ein Zweigmuseum des Bayerischen Nationalmuseums eingerichtet (s.o. S. 97).
Nach dem kulturellen Intermezzo und eventuell einer Stärkung im Klosterhof sind es nur noch gemächliche 20 Minuten bis zum Bahnhof Bayerbach. Oder auch bis zum Bahnhof Karpfham (ca. 1,5 km von Asbach).

Tour 3: Fünf-Bäche-Tour zwischen Triftern und Bad Birnbach
Länge: ca. 27 km
Schwierigkeitsgrad: mittelschwer
Eine Traumtour für alle, die sich in traditionellen Kulturlandschaften zu Hause fühlen. Vom Bahnhof Bad Birnbach sind es 15 Minuten bis Anzenkirchen und dort beginnt schon der Altbachtal-Radweg. Auf schmalen Straßen verläuft die Tour durch charaktervolle Dörfer und auf leicht erhöhter Streckenlage entlang dem geschwungenen Bachlauf und der vielen Feuchtflächen. Herrlich ruhig ist die Gegend und bezaubernd ist die naturnahe Ausstattung dieser Landschaft. In Triftern begegnet man als erstes dem Freibad, bevor man in das »Dreimühlental« einfährt, am Haselbach entlang. Bei Pelkering hat man den ersten Berg schon hinter sich. Nach Unterreitzing und Oberhitzling plätschert linker Hand der rasant dahinfließende Hitzlinger Bach dem Tal entgegen. Im Bachbett liegen große Quarzkonglomerat-Findlinge, ein Gestein, das vor 12 Mio. Jahren hier »gebacken« wurde. Asenham würde sich anbieten, wenn eine Einkehr gesucht wird. Anschließend heißt es schieben, denn die kurze Strecke zum Krokodilsfelsen hoch ist nur schlecht zu fahren. Auch dieser Felsen ist ein Quarzkonglomerat, das so aus dem Boden ragt, dass es wie ein

Krokodilskopf aussieht. Es folgt eine aussichtsreiche Abfahrt nach Bleichenbach auf abgelegener Kiesstraße. Eine Viertelstunde später rollt das Rad schon wieder in Bad Birnbach ein.

Tour 4: Rottaler Kirchen und Kapellen, Schlösser und Biergärten
Länge: ca. 43 km
Schwierigkeitsgrad: mittelschwer
Die Fahrt durch das Gambachtal gestaltet sich so, wie man es in Niederbayern erwartet: ruhig und ländlich. Bei Gambach geht es an einer kleinen Kirche auf grüner Wiese vorbei, ohne Friedhof. Ähnliche Konstellationen sind auf dieser Tour noch öfter zu sehen. Nach der ersten Einmündung öffnen sich Blicke zur schönen Renaissancekirche bei dem Dörfchen Wald. Die Nordseite der Kirche liegt völlig frei und innerhalb der Kirchenmauern findet sich nur schlichter grüner Rasen. Bis Schönau geht es in welliger Fahrt durch gewachsene Rottaler Landschaften. Schloss und Schlosspark Schönau sind einzigartig im Rottal (S. 162). Ganz ländlich wird danach. Die idyllisch auf einem Hügel thronende Kirche von Heiligenberg ist ein weiteres Juwel Rottaler Kirchenbaus. Nicht das Detail begeistert, sondern das atmosphärische Ganze. Als landschaftlicher Genuss entfaltet sich der Weg bis ins Rottal. Anfangs wieder berg-auf-bergab in angenehmen Dimensionen, wechselt die Tour ihren Charakter ab der Abzweigung nach Falkenberg. Auf aussichtsreicher Höhenroute zieht sich die Straße in offener Landschaft dahin. Am Biergarten in Prienbach kommt man vermutlich nicht so einfach vorbei, dazu ist sein Ambiente zu verlockend. Der Rückweg nach Postmünster ist nur noch ein Katzensprung – ein äußerst angenehmer noch dazu.

Die folgende Tour liegt zwar schon etwas außerhalb des eigentlichen Rottales, es handelt sich aber um einen besonderen Leckerbissen für Tourenfahrer.

Tour de Natur entlang dem Europareservat Unterer Inn
Länge: ca. 27 km
Schwierigkeitsgrad: leicht
Für alle, die Freude an der Natur empfinden, ist diese Rundtour ein Muss. Nirgendwo am unteren Inn kann man die Welt der Wasservögel Europas so gut beobachten wie am Inndamm bei Ering. Dort wurde auch ein Informationszentrum eingerichtet, das über die Highlights des Gebiets informiert. Die Tour beginnt am prächtigen Bahnhof Simbach, führt zur Innbrücke und schwenkt dort flussaufwärts auf den offenen und aussichtsreichen Dammweg. Links und rechts wuchert der Auwald, auf den Dammböschungen leuch-

ten blütenreiche magere Wiesen. Zum Schluss säumen rechts auch Altwasser die Route. Bis zum Vogelbeobachtungsturm bei Eglsee führt die Route etwas entfernt vom Ufer auf guten Kieswegen und Nebenstraßen. Nach einem ersten Rundblick vom Turm schwenkt man rechts wieder auf den Inndamm und genießt die freie Sicht auf den weiten Staubereich des Inn mit seinen vielen Inselbildungen. Teilweise reichen die Inseln bereits bis auf 70 m an den Damm heran. Hier ist der ideale Platz, um mit einem Fernglas die verschiedensten Wasservögel zu studieren. Im Frühjahr beherrscht das laute Geschrei der Lachmöwenkolonie die Szenerie. Von der Staustufe sind es nach links nur noch knapp 400 m zum Informationszentrum. Über die Staumauer gelangt man bequem nach Österreich und hält sich dort rechts auf dem ausgeschilderten Naturerlebnisweg. Zuerst in entspannter Atmosphäre auf dem Damm, radelt man später auch durch die ebene Kulturlandschaft. Nach dem Schloss Hagenau führt die Route wieder mit viel Kontakt zum Fluss nach Braunau. Dort wartet das erste »Fahrradterminal« der Region, eine sehr erfreuliche Serviceeinrichtung für Radfahrer: Toiletten, Waschanlagen, Schließfächer, Tourist-Info.
Wenn das Gepäck im Schließfach verstaut ist, kann die Erkundung dieser reizvollen Innstadt endlich beginnen. Angenehme Cafés, gute Gastronomie und eine sehenswerte mittelalterliche Stadtarchitektur machen den Aufenthalt zum Vergnügen.

Die abwechslungsreich gegliederte Rottaler Hügellandschaft entschädigt den Radler für die Mühen manchen Anstiegs.

ANREISE

Mit dem PKW

Aus Richtung München über die B 12 oder B 388 oder Autobahn A 92 Landshut/Deggendorf – A 3 Passau – Ausfahrt Pocking. Aus Richtung Frankfurt/Nürnberg Autobahn A 3 Regensburg-Passau – Ausfahrt Pocking. Aus Richtung Stuttgart über Nürnberg und A 3 oder über Augsburg-München – A 99 Richtung Oberschleißheim – A 92 Landshut/Deggendorf.

Per Flugzeug

Flughafen Salzburg (rund 80 km), München (ca. 130 km). Golfhotel Maximilian in Bad Griesbach bietet Shuttleservice München, jeweils Samstag. Verkehrslandeplatz Eggenfelden in Zainach, s. Eggenfelden.

Per Bahn

Direktverbindung Sa/So von Hamburg oder Bremen/Rhein-Ruhr (Umsteigen Hannover) Abfahrt ca. 7 Uhr, Ankunft in Karpfham/Griesbach ca. 17.30 Uhr (Taxi oder Abholung) oder Birnbach (Taxi/Abholung), für Füssinger Gäste ab Pocking mit dem Bus. Zurück ca. 8.20 Uhr, Ankunft am Zielbahnhof ca. 19 Uhr.

Alle übrigen Verbindungen, auch aus Berlin, schließen Umsteigen in Nürnberg oder Passau ein.

Wien-Nachtexpress von Hamburg mit Umsteigen in Passau, weiter Richtung Pocking/Mühldorf.

Fahrzeiten über DB-Reiseauskunft, auch zum Haus-zu-Haus-Gepäckverkehr.

AUSWEISPFLICHT

Keine Passkontrolle an der Grenze nach Österreich, doch kann im Land nach dem Personalausweis gefragt werden. Für die Einreise nach Tschechien ist der Ausweis/Reisepass erforderlich.

AUTOBAHNVIGNETTE

ist in Österreich auch für kurze Strecken erforderlich: 10-Tages-Vignette DM 10,50, zwei Monate DM 22.-, Jahresvignette DM 79.-. In Bad Füssing im Reisebüro Sonnleitner, Lindenstr. 2, erhältlich.

BALLONFAHREN

Von den drei Kurbädern aus möglich, siehe jeweiliger Infoteil

KLIMA

Mildes Mittelgebirgsklima verwöhnt in Südostbayern, dessen Höhenlagen 300 bis 500 m betragen. Ein Wettereinbruch zwischen Juni und September führt daher nur zu kurzfristiger Abkühlung. Binnen weniger Tage ist es wieder angenehm warm.

Im Juli/August kann es sehr heiß werden mit Mittagstemperaturen zwischen 25 und 32 Grad. Die

Winter sind erträglich, nur zum Jahreswechsel und im Januar kommen nächtliche Tiefstwerte um minus 25 Grad vor. Schneefälle haben sich, wie überall im Süden, rar gemacht. Schneit es aber, dann ergiebig und die Welt ist wie verzaubert.
Warme Mittagsstunden gibt es zuweilen schon im Februar. Im April/Mai und September/Oktober können die Temperaturen zwischen Tag und Nacht erheblich schwanken (zum Beispiel früh 6–10 Grad, mittags 18–22 Grad). In manchen Jahren reicht der Sommer bis in den Oktober hinein, in anderen herbstelt es bereits Mitte August. Zum Allerseelenmarkt am 31. Okt. kommt niemand mehr ohne den Mantel aus.

LITERATUR

Bauer, Elisabeth: *Das koch ich heut – Leibspeisen aus dem Rottal,* Eigenverlag DM 18,–
Baumgartner, Georg: *Bauernhäuser in Niederbayern,* Hugendubel DM 78,–. Broschüren von Baumgartner/Ortmeier zum Thema im Bauernhofmuseum Massing.
Griesbach im Rottal, Rottaler Buchverlag, über Kurverwaltung und Buchhandel Bad Griesbach.
Diess, Wilhelm: *Ein eigener Mensch, Ausgewählte Geschichten,* Edition Töpfl, Tiefenbach 2000, DM 25,–
Mayerhofer, Josef: *Isar, Inn, Donau – Radtouren* BVA DM 22,80
Ponzauner Wigg: *Bauernbrot – Geschichte aus dem Rottal,* Vierlinger DM 24,–
Rottal-Heimatbuch, Verlag Kiebitz Buch, Vilsbiburg, DM 49,80 (s. Anzeige)
Scherling, Arno: *Das Rottaler Pferd,* Eigenverlag DM 39,–
Stapfer, Ernst: *Bad Füssing und seine Geschichte,* Südostverlag DM 48,–
Teschendorf, Martin: *Passau, die schwimmende Stadt,* Passavia DM 32,–
Wimschneider, Anna: *Herbstmilch,* Piper-Taschenbuch DM 14,90
Lebenserinnerungen einer Bäuerin mit vielen Abb., Niedermeyer DM 23,80

NOTRUF

Polizei 110 • Feuerwehr 112 • Rettungswagen/Krankentransport und ärztl. Notfalldienst an den Wochenenden 19222

PANNENHILFE

Abgesehen von den Adressen der Versicherungen gilt bundeseinheitlich die Notrufnummer des ADAC: 0 18 02-22 22 22

PLÄTTENFAHRTEN

Ausflüge zu Wasser sind auf Inn, Donau und Salzach möglich. Prospekte bei den Kurverwaltungen, für den Inn s. Bad Füssing-Infos, für die Salzach siehe Burghausen.

PARKEN

In der Stadtmitte sind meistens Parkautomaten aufgestellt, ebenso in den Tiefgaragen. Den Parkschein hinter die Windschutzscheibe legen. Daneben gibt es kostenlose Parkmöglichkeiten für begrenzte Zeit (1–3 Stunden).

PREISKATEGORIEN

Die hier genannten drei Preiskategorien ⌂ / ⌂⌂ / ⌂⌂⌂ gelten für Übernachtung mit Frühstück pro Person im Doppel-, teils auch im Einzelzimmer; Kategorie eins bis 50 DM, zwei 50 bis 100 DM, drei über 100 DM. Manche Hotels lassen sich nach internationalen Standards klassifizieren: ein Stern für Tourist-Unterbringung, zwei für Standard, drei für Komfort, vier für First Class, fünf für Luxus.

ÖFFNUNGSZEITEN

Viele Läden haben durchgehend geöffnet, andere machen eine Mittagspause. Die Öffnungszeiten der Museen/Infozentren/Galerien variieren sehr und sind daher jedesmal vermerkt. Am Montag sind die Museen im Bäderdreieck im allgemeinen geschlossen.

REITEN

Siehe Kapitel Rottaler Pferd, auch Ortenburg, Schärding und Tourismus-Anschriften unter »Ferien auf dem Land« im Kapitel *Unterkünfte*. Wanderreiten-Angebote in Vorbereitung.

WANDERN

Die Kurbäder bieten detaillierte Wanderkarten für die nahe und weitere Umgebung an.

SEGELFLIEGEN/SURFEN

sind bei geeignetem Wetter am Rottauensee möglich, siehe dort

STRASSEN/TANKSTELLEN

Es kann sehr reizvoll sein, abseits der Bundesstraßen gemächlich durchs Land zu fahren, besonders nördlich und südlich der B 388 und talwärts Richtung Innauen. Wegschilder zu Einödhöfen machen mit alten Hof- und Flurbezeichnungen vertraut wie Rupprechtsaign, Finsterhub oder Höllgrub, Wichtleiten, Edgarten und Federling, Englschall und Wolfsgrub, Furthäusl und Dachsberg, Gnadlöd und Grillenhögl. Die Kreisstraßen sind kurvenreich, Höhenunterschiede nur im Extremfall vorher angezeigt.

TELEFONIEREN

Kartenfelefone setzen sich durch, in den Dörfern sind sie noch nicht überall installiert. Wer ohne Handy reist, sollte ein paar passende Münzen dabei haben.

Wenn Sie sich näher mit Geschichte und Kultur sowie Land und Leuten in der Ferienregion Rottaler Bäderdreieck beschäftigen wollen oder ein attraktives Geschenk mit nach Hause nehmen möchten, empfehlen wir Ihnen das reich bebilderte und von einer Vielzahl heimatkundlicher Autoren geschriebene Heimatbuch **DAS ROTTAL**

Bildnachweis

Alle Fotos sind von Anke Radtke außer
Bachmaier, Felix: 8, 201
Baumgartner, Georg: 44
Berta-Hummel-Museum, Archiv: 125
Braasch, D.: 132
deltapress: 16
Dilling, Gerti: Innenklappe vorne, 41, 43, 90/91, 192, 195
Geiginger Josef: 196
Hartl Golf Resort: 73, 74, 173, Umschlag hinten (unten)
Kerscher, Siegfried: Titelbild, Umschlag hinten (Mitte)
Kiebitz Buch, Archiv: 21, 22, 86, 95, 97, 145, 186, 189
Kurmittelhaus Bad Griesbach: 69, 70
Kurverwaltung Bad Birnbach: 82, 88
Kurverwaltung Bad Füssing: 12, 46/47, 50, 53
Kurverwaltung Bad Griesbach: 3 unten, 65, 66, Umschlag hinten (oben)
Leidorf, Klaus: 51 (u.), 59, 60/61, 71, 76/77, 106, 113, 174/175, 178, 182
Limbrunner, Alfred: 27
Mayerhofer, Josef: 117, 198
Ott, Toni: 5, 78
Sagmeister, Josef: 154, 157
Schötz, Manfred: 15, 62, 72, 128, 151, 153, 177
Sittinger, Alfons: 20
Stahlbauer, Georg: 2, 101, 114 links
Tourismus-Information Passauer Land: 180, 185
Weber, Carl: 118
Wimmer, Michael: 6/7, 9

Im Register sind die im Buch genannten und beschriebenen Orte und Sehenswürdigkeiten aufgeführt. Wichtige thematische Stichpunkte, die Inhalte der Tipps sowie die Namen wichtiger Persönlichkeiten und Künstler, die im Rottal gelebt und gewirkt haben, sind ebenfalls aufgenommen.

ROTTALER BÄDERDREIECK
Bad Füssing, Bad Griesbach, Bad Birnbach

Herausgeber Detlev Rabe
Text Anke Radtke
Beiträge von Georg Baumgartner, Josef Mayerhofer, Stefan Rammer, Alfons Sittinger
Fotografie Anke Radtke, Klaus Leidorf u. a.
Karten Thomas Willmann
Design und Typographie Matthias Liesendahl

Erste Auflage 2000

84137 Vilsbiburg

ISBN: 3-9804048-6-2

Autorin und Verlag bedanken sich bei den Kurverwaltungen von Bad Füssing, Bad Griesbach und Bad Birnbach, den Johannesbad Reha-Kliniken AG, Bad Füssing, der A. Hartl Holding AG, Bad Griesbach, dem Kurmittelhaus Bad Griesbach sowie bei den Mitarbeitern der Landratsämter Rottal-Inn und Passau-Land für die großzügig gewährte Unterstützung.

Bitte schreiben Sie uns Ihre Meinung zu diesem Führer. Ihre Anregungen, Berichtigungen, Ergänzungen sind willkommen:

VERLAG KIEBITZ BUCH
Postfach 1446
84137 Vilsbiburg

Romantik pur im Bäderdreieck: Schloss und Schlosspark von Schönau →